MAURICE
MERLEAU-PONTY

西口光一

Nishiguchi Koichi

メルロ゠ポンティの
言語論のエッセンス

身体性の哲学、オートポイエーシス、対話原理

福村出版

目　次

プロローグ

　本書を書くに至った経緯には、2つの脈絡があります。一つは、ことば学研究の脈絡で、今一つは、オートポイエーシス論との出会いです。

　筆者は、従来より言語教育の関心から心理学、哲学、社会学、人類学等で人間の言語的な営みとそれを仲立ちする言語がどのように見られているかを探究してきました。そのような研究を筆者はことば学と呼んでいます。そして、ことば学という傘の下に、これまではバフチンとヴィゴツキーを中心に研究を行ってきました（西口, 2013; 2015）。また、並行して、ブルーナー（ナラティブの心理学）、リード（生態心理学）、バーガーとルックマン（知識社会学）、ウィトゲンシュタイン（言語ゲーム論）、ロメットヴェイト（コミュニケーションへの多元的な社会的‐認知的アプローチ）、ハイデガー（現象学的実存論）ほかについても考究し、論考を書いてきました。そして、昨年それらの論考を一冊の本にまとめることができました（西口, 2020b）。その一方で、フッサールやハイデガー、そしてメルロ＝ポンティについて、近代哲学から現代哲学への移行の経緯などを含めて3年ほど前から関心を寄せて研究してきました。やがて、ことば学の関心からはメルロ＝ポンティが言語について深い思索を展開していることがわかりましたので、過去1年ほどはメルロ＝ポンティに集中して研究を進めてきました。これがことば学研究の脈絡です。

　もう一つの脈絡は、オートポイエーシス論との出会いです。社会言語学の分野では、2010年あたり以降、現代社会における多言語状況が注目され、個別の言語の習得や言語活動を超えた視点での研究が一挙に増えてきました。"translingual" や "translanguaging" などの用語に代表される傾向です。"translanguaging" があるのなら "languaging" もあるはずで、言語や言語教育に関する論考で2010年頃から「言語活動に従事する」という用語を使っている筆者は、"languaging" というのは「言語活動に従事すること」だろうと考えていました。やがて、そうした社会言語学の研究で "languaging" がどのような

意味で使われているかがいよいよ気になって調べたところ、García and Li Wei（2014）が、"languaging" と最初に言ったのは言語学者ではなく、チリの2人の生物学者マトゥラーナとバレーラだと指摘していました。それが、マトゥラーナとバレーラのオートポイエーシス論との出会いです。

　生物学の立場から遠大な視野で書かれたかれらの著書『知恵の樹』（マトゥラーナ＆バレーラ, 1997）を読み始めて、筆者はそこには重要で動かしがたい何かが書かれている気がしました。同書では、認識についての生物学的な見方、あるいは生命から出発する認識論（同書の訳者あとがき）が展開されていたのです。「言語営為」と訳すのが適当であろう "languaging" というのは、マトゥラーナとバレーラによると、行為することは知ることで知ることは行為することであり、言語は行為することの一種であるとする言語についての見方です。オートポイエーシス論を背景としたこうした言語についての見方は、本書の第5章でメルロ＝ポンティの言語観と交叉することになります。

　この2つの脈絡から生まれた本書は、オートポイエーシス論を基本的な視座とし、新たにメルロ＝ポンティを編入した、ことば学の新たな展開と位置づけることができるでしょう。

　メルロ＝ポンティの思想全体ではなく、その中での言語論に関心を向ける本書では、主に前期と中期のメルロ＝ポンティの言語論に注目します。存在論的な哲学的考究に重点をおいている後期の著作及びそこでの言語論については、前期と中期の言語論を補う範囲でのみ言及することとしました。一方で、メルロ＝ポンティの言語観を明らかにするためには、かれの理解の下での現象学や現象学的な実存論にも触れる必要がありますので、第1章ではそのようなテーマについても論じました。またその議論の一部として、本書の議論で重要な視点となる機能しつつある志向性についても詳しく論じています。

□ 本書の概略

　全体の流れを紹介します。第1章は、上記のように機能しつつある志向性の解明を中心的な課題としています。そして、第2章では、第1章で明らかにした現象学的なスタンスを背景とした前期メルロ＝ポンティの身体性の言語論に

ついて論じています。身体性の言語論では、言語は現象的身体が世界経験を示す所作の一種、すなわち言語的所作であるという議論が展開されます。

　第3章と第4章では、メルロ＝ポンティの言語論をめぐってソシュールの言語論と対比しながら議論をしています。引き続き前期メルロ＝ポンティを扱っている第3章では、丸山圭三郎（1983）が明らかにしたソシュールの価値形相論を提示して、真のソシュールにおける「構成された構造」と「構成する構造」という見方が、前期メルロ＝ポンティで論じられている「語る言葉」と「語られた言葉」という見方と基本的に重なることを指摘します。一方で、ソシュールが「構成された構造」と「構成する構造」との間での弁証法的発展に関心をおいているのに対し、メルロ＝ポンティは「語られた言葉」をリソースとした真の言葉の実践で新たな意味を産み出す言語の創造性に注目していたことを明らかにします。次の第4章では、ソシュールに本格的に取り組んだ中期メルロ＝ポンティの言語論を検討します。メルロ＝ポンティは、かれ流にソシュールを読み込んで、ソシュールの思想に文化記号論への志向を読み取っています。第4章では、メルロ＝ポンティの議論をたどりながらソシュールの論を敷衍する形でラングをランガージュへと還元する議論をし、さらにランガージュを機能しつつある志向性に合流させる議論を展開します。

　「メルロ＝ポンティとオートポイエーシス論と対話原理」と題した第5章では、メルロ＝ポンティの言語論をより大きな文脈に位置づける議論をします。はじめに、メルロ＝ポンティの言語論をオートポイエーシス論の脈絡に位置づける作業をし、さらに、意識の生を統一する志向弓というメルロ＝ポンティの視点を採り入れることでかれの身体論を拡充します。次に、初期バフチンのイントネーション論を「渡し」としてメルロ＝ポンティの身体論的言語論とバフチンの発話論を接続する議論をし、最後に、ホルクウィストの往信性の議論を視座として、わたしたちが発話をするというのはどういうことかを検討することを通してランガージュのシンボル的機能の作動の様態を見ていきます。最後に、エピローグでは、それまでの議論を総括して俯瞰的な眺望を提示します。

　このような議論を展開した結果、本書は、言語論を中心とした格好のメルロ＝ポンティ入門書でありつつ、現象学や現象学的実存論への入口をも提供する

ものとなっています。また、独自の視座でメルロ＝ポンティの身体論的言語論を位置づけているところも本書の重要な特徴です。本書を読むことで読者は、言語論にとどまらないメルロ＝ポンティのエッセンスを知ることができるでしょう。また、言語教育や国語教育に従事している方やこれらの教育に関心がある方、教育や学習指導における言語というテーマに関心がある方や、広くナラティブを基本的なデータとする質的研究を行っている方においては、言語あるいはディスコースという現象についての豊穣な視点とさまざまな洞察を得ることができるでしょう。

□ 執筆方針

「知の巨人」の思想や理論のエッセンスを簡潔にまとめ上げるというのは困難な仕事です。その理由の一つは、かれらの議論が広くて深い背景や土台の上に成り立っているからです。言うまでもなく、メルロ＝ポンティの場合もそのような困難が伴います。本書では、フッサールやハイデガーやソシュールはもちろん、デカルトやカントやデュルケームなどにも言及されますし、晩年のフッサールの高弟であるフィンクも登場します。バフチンやホルクウィストやマトゥラーナとバレーラなどの議論も、かれらやかれらの研究についての詳しい紹介なしに出てきます。こうした思想家や研究者らの思想や理論をどれほど知っているかは読者によってさまざまでしょう。本書では、いずれの議論についても、かれらの思想や理論を詳しく知らなくても、本書の議論の範囲内でかれらの言っている内容が十分に理解できるように工夫して書きました。また、用語なども定義を提示するより、むしろ議論の筋道をたどれば理解できるようにしました。本書全体としては、理路をすっきりさせることに意を注ぎました。また、メルロ＝ポンティについては、かれの著書から重要箇所を引用し、それを里程標のようにしながら筆者が必要な解釈を加えつつ議論を進めました。読者にはメルロ＝ポンティのディスコースの趣を味わいながら読み進めていただけると思います。

□ 附録について

　第5章でバフチンのイントネーション論に言及しましたが、これについては参照先の論考を提示するのが読者のための便宜であろうと考えました。そこで、イントネーション論が論じられているバフチンの論考を附録として掲載しました。出典は、以下の通りです。

　西口光一（2021）「対話の原型と対話原理の原点 ―『生活のなかの言葉と詩のなかの言葉』におけるイントネーション」『多文化社会と留学生交流』第25号、pp.1-12.

凡 例

1. 参考文献については、いずれも邦訳出版年のみ示した。
2. メルロ＝ポンティの著作については、原著タイトルの頭文字と邦訳出版年で示した。例えば、『知覚の現象学1』は、「PP1, 1967」となる。それぞれの著書の示し方は以下の通り。
    『行動の構造』— SC, 1964
    『眼と精神』— OE, 1966
    『知覚の現象学1』— PP1, 1967
    『知覚の現象学2』— PP2, 1974
    『シーニュ1』— S1, 1969
    『シーニュ2』— S2, 1970
    『世界の散文』— MP, 1979
    『見えるものと見えないもの』— VI, 1989
3. 原著での強調の仕方にかかわらず、本書の引用中での強調は傍点とした。一方、本文での筆者強調は太字とした。
4. 外国語文献からの用語については、適宜原語を（　）で示している。
5. 引用中の〔　〕内は訳者の補足である。中略は「…」としている。また、引用の中で（　）で原語が付されている場合はそのまま示し、筆者が追加した場合は（　）内末尾に「筆者注」と記した。
6. 引用部内に関する注は、該当部を「*」で示し、引用末に注記した。
7. 本書では、ジェンダーへの配慮として三人称の代名詞は男女にかかわらずひらがなで「かれ（ら）」とした。

第1章

メルロ＝ポンティにおける現象学と 機能しつつある志向性

イントロダクション

　メルロ＝ポンティの主著の2冊目にあたる "Phénoménologie de la Perception"（邦訳『知覚の現象学』）は500ページ以上に及ぶ大著です。構成は、約20ページの序文に続いて、約70ページの「古典的偏見と現象への環帰」という序論があり、その後にようやく、第1部「身体」、第2部「知覚された世界」、第3部「対自存在と世界内存在」という本文が展開されます。邦訳（みすず書房）は2巻で約700ページとなっており、序文と第1部が第1巻、第2部と第3部が第2巻に収められています。本章では『知覚の現象学』の序文を手がかりとしてメルロ＝ポンティが現象学をどのように捉えていたかを概観することで、本書の「入口」としたいと思います。ただし、この章ではそれにとどまらず、本書を通して重要な視点となる機能しつつある志向性の話が最後の2つの節でクローズアップされることになります。

1. メルロ＝ポンティと現象学

1-1　現象学の暫定的定義

　木田元は、哲学とは、ありとしあらゆるもの、つまりあるとされるあらゆるもの、存在するものの全体が何であり、どういうあり方をしているのかということについてのある特定の考え方で、簡略に言うと、「ある」ということがど

ういうことかについての特定の考え方だと説明しています（木田, 2007, p.19）。木田によると、そもそもそのような考え方をするには、自分たちが存在するものの全体の内にいながらその全体を見渡すことができる特別な位置に立つことができると思わなければなりません。つまり、存在するものの全体を仮に自然と呼ぶなら、自分たちがそうした自然を超えた超自然的な存在だと思うか、少なくともそうした超自然的存在と関わりをもちうる特別な存在と思わなければ、存在するものの全体が何であるかというような問いを立てることはできないだろう、と木田は言います。ですから、自然の中に包まれて生きているという感覚の日本人の場合も含めて西洋以外の文化圏には哲学という思考の様式は生まれなかったと指摘しています。そして、古代ギリシア以来の伝統をもつ西洋は、そうした考え方の中心に超自然的な原理つまり形而上学的原理を立てて、それを参照しながら自然を見るという特殊な思考法を打ち立てました。そうした思考法が哲学です（木田, 2007, p.19）。その形而上学的原理は、プラトンのイデアに始まり、純粋形相（アリストテレス）、神（キリスト教）、理性（デカルト）、精神（ヘーゲル）などと見方はさまざまに変わりますが、超自然的な原理を立てるという点で一貫しています。そして、そのような思考法あるいは思考のスタイルは物質的な自然観と連動して西洋における文化形成の軸になってきました（木田, 2007, pp.20-21）[1]。

　さまざまな哲学の中で、現象学とはどのような哲学なのでしょうか。メルロ＝ポンティは『知覚の現象学』の序文の冒頭で以下のように説明しています。

　　　現象学とは本質（essences）の研究であって、一切の問題は、現象学によれば、けっきょくは本質を定義することに帰着する。たとえば、知覚の

1　木田は現在あるメルロ＝ポンティの邦訳のほとんどを手がけており、氏の『メルロ＝ポンティの思想』は日本におけるメルロ＝ポンティ研究の古典とされています。また、1980年以降には、研究活動の領野を広げ、ハイデガー哲学の研究書である『ハイデガーの思想』にとどまらず、反哲学という独自の視点で西洋哲学を現代思想から逆照射的に俯瞰する多数の著書や、近代哲学から現代思想への移行をたどる『マッハとニーチェ』や『現代の哲学』などを著しています。他にエッセイや対談本や自伝などもあり、まさに哲学・思想研究の泰斗です。メルロ＝ポンティの思想及びその周辺を理解するにあたって、木田の著作が大きな助けとなったことを深い畏敬の念と感謝を込めてここに記しておきたいと思います。

本質とか、意識の本質とか、といった具合である。ところが現象学とは、また同時に、本質を存在（existence）へとつれ戻す哲学でもあり、人間と世界とはその〈事実性〉（facticité）から出発するのでなければ了解できないものだ、と考える哲学でもある。　　　　　　　　　　　　（PP1, 1967, p.1）

　このような意味で言うと、メルロ＝ポンティのこの本は『知覚の現象学』というタイトルになっているので、同書は知覚というものの本質を究明することをテーマとした研究だということは一応わかります。しかし、その後ろに続く「本質を存在へとつれ戻す」や「人間と世界とはその〈事実性〉から出発するのでなければ了解できない」というのが何を意味しているのかは、にわかにはわかりません。

1-2　メルロ＝ポンティの決意

もう少し読み進めましょう。

　　それは、〔一方では〕、人間と世界とを了解するために自然的態度（l'attitude naturelle）の諸定立を中止して置くような超越論的〔先験的〕哲学であるが、しかしまた〔他方では〕、世界は反省以前に、廃棄できない現前としていつも〈すでにそこに〉在るとする哲学であるが、その努力の一切は、世界とのあの素朴な接触をとり戻すことによって、最後にそれに一つの哲学的規約をあたえようとするものである。それは〔一方では〕一つの〈厳密学〉としての哲学たろうとする野心でもあるが、しかしまた〔他方では〕、〈生きられた〉空間や時間や世界についての一つの報告書でもある。〔一方では〕それは現に在るままでのわれわれの経験の直接的記述の試みであって、その経験の心理的発生過程とか、自然科学者や歴史家または社会学者がこの経験について提供し得る因果論的説明とかにたいしては、何の顧慮も払わないものだ。にもかかわらず〔他方では〕フッサールは、その後期の諸著作のなかで、〈発生的現象学〉だとか、さらには〈構成的現象学〉だとかをさえ云々しているのである。

　　　　　　　　　　　　　　　　　　　　（PP1, 1967, pp.1-2）

これは先の説明よりももう一歩詳しい説明となるわけですが、「自然的態度」や「定立」や「定立を中止し」や「〈生きられた〉空間や時間や世界」など現象学独自の視点を含む説明で、現象学に馴染みのない者にはやはりよく理解できません。また、この引用の後半では、現象学が有する両面性を並べ立てています。このような両面性も馴染みのない者にはよくわかりません。そこで、メルロ＝ポンティは、以下のように現象学に現象学的方法によって接近する必要性を説きます。これは、これまで抽象的にあるいは哲学的にのみ議論が展開されてきた現象学を実質化して見せようというメルロ＝ポンティの決意表明でもあります。

　　　われわれはわれわれ自身のなかにこそ、現象学の統一性とその真の意味とを見いだすであろう。問題はいくつも引用文献を数え立てることではなくて、むしろわれわれにとっての現象学を定着し客観化することであって、そういうものであればこそ、多くのわれわれの同時代人たちがフッサールやハイデガーを読んだ際、或るあたらしい哲学に出会ったというよりは自分たちが待望していたものをそこに認めた、という印象をもったのである。現象学というものは、ただ現象学的方法によってのみ近づき得るものだ。したがって有名な現象学的諸テーマについても、それらが生のなかで自然発生的に結び合わされていたそのとおりに断乎としてそれらを結び合わせるようにと、努力してみよう。そうすればおそらく、なぜ現象学が長いあいだ依然として端緒の状態、〔解決すべき〕問題としての状態、〔実現されるべき〕祈願の状態にとどまってしまっているかも、解ってくるであろう。　　　　　　　　　　　　　　　　　（PP1, 1967, p.3）

　メルロ＝ポンティは、上の引用に続く3ページから24ページの約20ページにわたって、純粋記述、現象学的還元、形相的還元、志向性などの現象学の基本的概念を押さえながら現象学についての自身の考えを述べています。以下の2から4では、その議論をたどっていきます。

2. 現象学の基本的スタンス──生きられている世界への還帰

2-1 現象学的還元

　現象学と言えば、多くの人は、現象学的還元や判断停止（エポケー）という用語を思い浮かべるでしょう。そうした点についてメルロ＝ポンティは以下のように説明しています。

　　　われわれは徹頭徹尾世界と関係していればこそ、われわれがこのことに気づく唯一の方法は、このように世界と関係する運動を中止することであり、あるいはこの運動とのわれわれの共犯関係を拒否すること（フッサールがしばしば語っているようにこの運動に参与しないでohne mitzumachenそれを眺めること）であり、あるいはまた、この運動を作用の外に置くことである。それは常識や自然的態度のもっている諸確信を放棄することではなくて──それどころか逆に、これらの確信こそ哲学の恒常的なテーマなのだ──むしろ、これらの確信がまさにあらゆる思惟の前提として〈自明なものになっており〉、それと気づかれないで通用しているからこそそうするのであり、したがって、それらを喚起しそれとして出現させるためには、われわれはそれらを一時さし控えなければならないからこそそうするのである。　　　　　　　　　　　　　　　　　　　　　　　（PP1, 1967, p.12）

　ここで言われている「世界と関係する運動を中止する」、「この運動とのわれわれの共犯関係を拒否する」、「この運動を作用の外に置く」とはどういうことでしょう。また、そもそもここで言われている「世界と関係する運動」とは何でしょうか。

　ここに言う「世界と関係する運動」とは、科学的認識に染まった常識や自然的態度であり、世界と関わるその仕方のことです。以下、メルロ＝ポンティの議論に沿ってそうした事情を詳しく見ていきます。

　現象学の創始者は言うまでもなくフッサールです。そして、フッサールの現象学の端緒となったのは、以下でメルロ＝ポンティが論じているように、人間

の存在や世界の存在を考えるにあたって、科学的認識を一旦中断して事象そのものに帰れという指令でした。

　記述する（décrire）ことが問題であって、説明したり（expliquer）分析したり（analyser）することは問題ではない。フッサールが創成期の現象学にあたえた、〈記述的心理学〉であれとか、〈事物そのものへ〉帰れとかいうあの最初の指令は、まず何よりも科学の否認であった。私とは、私の身体とか私の〈心的現象〉（psychisme）とかを決定するさまざまな因果関係の結果または交錯ではない。私は自分のことを世界の一部だとか、生物学・心理学・社会学の単なる対象だとかとは考えるわけにはいゆかないし、自分を科学の領域の内側に閉じ込めてしまうわけにもゆかない。私が世界について知っている一切のことは、たとえそれが科学によって知られたものであっても、まず私の視界から、つまり世界経験（expérience du monde）から出発して私はそれを知るのであって、この世界経験がなければ、科学の使う諸記号もすっかり意味を喪くしてしまうであろう。

（PP1, 1967, p.3）

　このように人間や世界についての科学的な見方を一旦中断して、**「わたし」**[2] **という当事者**による**世界経験**を出発点としなければならないというのが現象学の始発のスタンスでした。さらに、メルロ＝ポンティは、当事者による世界経験と科学の見方を対比的に論じています。そして、科学とは「すでに知覚されている世界についての一つの規定または説明でしかない」と指摘しています。

　科学の全領域は生きられた世界のうえに構成されているものであるから、もしもわれわれが科学自体を厳密に考えて、その意味と有効範囲とを正確に評価しようと思うならば、われわれはまず何よりもこの世界経験を呼び覚まさなければならないのであって、科学とはこの世界経験の二次的な表現でしかないのである。科学は知覚された世界と同一の存在意義を

2　本書では、経験しているその当事者をこのように「わたし」とします。メルロ＝ポンティの著作の中では「私」とされています。

もってはいないし、また今後もけっしてもつことはないであろう。その理由は簡単であって、科学は知覚された世界についての一つの規定または説明でしかないからだ。　　　　　　　　　　　　　　　（PP1, 1967, pp.3-4）

　そして、「わたし」という当事者が、世界と「わたし」の絶対的な源泉であると宣言します。

　　私とは絶対的な源泉であって、私の実存は私の経歴からも私の物理的・社会的環境からも由来したものではなく、逆に私の実存の方がそうしたものの方にむかって行き、それらを支えるのである。なぜなら、私こそがそうした遺産〔経歴・環境〕を〈私にとって存在する〉ようにさせ…、それをわが身に引き受けることを選ぶからである…。　　（PP1, 1967, p.4）

　さらに、科学的見方の欺瞞性を指摘し、以下のように、科学的見方は、「意識の見方」や「認識以前の世界」に対しては抽象的で記号的で従属的でしかないと主張します。

　　科学的な見方によれば、私は世界の一契機ということになるけれども、こんな見方は、いつも幼稚で欺瞞的である。なぜなら、こうした見方はもう一つの別の見方を、つまり、それを通じてそもそも世界が私のまわりに配置され、私にたいして存在しはじめるようになる〈意識の見方〉を、それとははっきり言表しないままにこっそりと言外に含ませているからである。事物そのものへたち帰るとは、認識がいつもそれについて語っているあの認識以前の世界へとたち帰ることであって、一切の科学的規定は、この世界にたいしては抽象的・記号的・従属的でしかなく、それはあたかも、森とか草原とか川とかがどういうものであるかをわれわれに初めて教えてくれた〔具体的な〕風景にたいして、地理学がそうであるのとおなじことである。　　　　　　　　　　　　　　（PP1, 1967, pp.4-5）

意識の見方とは**それを通じてそもそも世界が私のまわりに配置され、私にた**

いして存在しはじめるようになる見方です。そして、科学的な見方が意識の見方を「こっそりと言外に含ませている」というのは、科学的見方は言葉にしてそうとは言明していないが、意識の見方というものが実際には科学的な見方や認識以前にそこにあることを前提にしているということです。これは本項2つ目の引用末尾の「世界経験がなければ、科学の使う諸記号もすっかり意味を喪くしてしまう」と対応しています。そして、そのような科学的認識や規定は、意識の見方として配置されている世界に対しては「抽象的・記号的・従属的でしかな」いとメルロ＝ポンティは言っています。それは、上の引用の末尾のように、あたかも**地理学が周りの世界を抽象化して記述する以前からわたしたちが森や草原や川を生きる世界としてずっと経験してきている**のと同じであるとメルロ＝ポンティは説明しています。

　このように科学的認識やそれに基づく世界の見方を一旦中断せよというのが現象学の端緒の**判断停止**（エポケー）という指令であり、そのような操作をして本源的な経験世界に帰ってそこから記述を始めようというのが**現象学的還元**ということです。

2-2　反省的分析と現象学

　このように現象学は科学的認識に基づく判断を停止することから始めるわけですが、一方で現象学は理性主義的な反省的分析を行うわけでもありません。むしろ、それを拒否します。

　　以上の〔思惟〕運動は、意識への観念論的な環帰なぞとは絶対に別のものであって、純粋記述の要請は、科学的説明の方法を排除すると同時に、また〔デカルトやカントなどの〕反省的分析（l'analyse réflexive）の方法をも排除する。デカルトおよび特にカントは、主観ないしは意識を〔世界から〕解き放って、もしも私が或る物を捉えるに当たってあらかじめ自分を存在するものとして経験するのでなかったら、私はどんな物をも存在するものとして捉えることはできないであろう、ということを明らかにした。…反省的分析は、われわれの世界経験から出発しながらも、その経験とははっきり異なった可能性の条件としての主観へと遡るものであり、それな

くしては世界が存在しなくなるようなものとして普遍的綜合を示すものである。そのかぎりでは、反省的分析はわれわれの世界経験に密着することをやめ、〔その経験についての〕報告書に代えるに〔それの〕再構築をもってしたわけである。 (PP1, 1967, pp.5-6)

　上の引用中の「主観ないしは意識を〔世界から〕解き放って、もしも私が或る物を捉えるに当たってあらかじめ自分を存在するものとして経験するのでなかったら」はデカルトの言う「われ思う、故にわれ在り」の「われ」のことを言っており、「経験とははっきり異なった可能性の条件としての主観へと遡る」というのは、カントが認識能力の源泉となる12のカテゴリー（純粋悟性概念）などを析出したことを指しています。そして、デカルトやカントの存在論は「われわれの世界経験に密着することをやめ、〔その経験についての〕報告書に代えるに〔それの〕再構築をもってした」とメルロ＝ポンティは批判しています。そして、現象学がめざす記述はそのような反省的分析とは別物だと言っています。

2-3　生きられている世界

　では、現象学はどこにその分析の出発点をおくのでしょう。メルロ＝ポンティは以下のように説明しています。

　世界というものは、それについて私のなし得る一切の分析に先だってすでにそこに在るものであって、それを一連の綜合作用から派生させようとするのは不自然であろう。…私が反省を始めたとき、わたしの反省は非反省的なものについての反省であった。…したがって、反省は〔反省作用という〕自分自身の作業の手前で〔それに先立って〕世界というものの存在することを認めざるを得ないわけであって、この世界は、主観が主観自身にたいしてあたえられている以上、もともと主観にたいしてあたえられているものなのである。現実は記述すべきものであって、構築したり構成したりすべきものではない。 (PP1, 1967, p.6)

1-1の引用中の「事実性」とも対応する「一切の分析に先だってすでにそこに在るもの」や「非反省的なもの」や「もともと主観にたいしてあたえられているもの」や、反省に先立って存在している世界、例えば2-1で述べた、わたしたちが森や草原や川に囲まれて生きる営みの中で何気もなく経験している世界、などが現象学的分析の出発点となると、メルロ＝ポンティは論じています。それは、**生きられている世界**（フランス語では"le monde véce"あるいは"monde de la vie"、英語では"lived world"あるいは"life world"）[3]に環帰して世界や人間の存在を見直そうというスタンスとなります。

3. 世界内存在と知覚の現象学

3-1　知覚への注目
　以上のように現象学を位置づけた上で、メルロ＝ポンティは、事実性や生きられている世界に接近するための重要なカギとして**知覚**に注目します。

　　そのこと＊はけっきょく、私は知覚（perception）というものを、判断とか諸行為とか述定作用とかの秩序に属する綜合作用なぞとは同一視するわけにはゆかない、ということを意味する。たえず私の知覚野は、反映する光や、かさかさという音や、うつろいやすい肌触りなどで充たされているが、私はそれらのものを知覚のコンテクストに正確に結びつけることはできないでいるにもかかわらず、それらをけっして夢と混同することもなく世界のなかに一挙に配置している。　　　　　　　　　（PP1, 1967, pp.6-7）

3　"le monde véce"あるいは"lived world"を「生きられた世界」と訳すと、世界（客）が当事者（主）によって「生きられる」という主-客のニュアンスを内包し、ややもすると行為の完了をも示唆してしまいます。ここでは、それよりもむしろ、主-客のニュアンスが若干でも和らげられ、完了よりもむしろ進行中あるいは不断の継続状態にあることを示唆する「生きられている世界」のほうがふさわしいと考えて、そのように表しました。ちなみに、この「生きられている世界」や生活世界（Lebenswelt）は、フッサール現象学の主要な視点ですが、後出（3-2）のハイデガーはその著書でこうした用語を避けています。

＊　世界はもともと主観に対して与えられていることや、現実は記述するべきものであって構築したり構成したりするべきものではないこと。

　「わたし」という当事者は、朝起きて服を着替えたり、犬の散歩に行ったり、朝食の準備をして食べたり、出勤する身支度をしたり、電車や地下鉄を利用して職場に行ったり、朝に予定していた仕事をしたりするなどさまざまな生きることの活動に従事しています。そのように生きることの活動に従事する「わたし」は常に今-ここにおいて生を営んでいて、今-ここのどの契機においても「わたし」の周りに配置されている領野を今-ここに在る「わたし」の世界として経験しています。それが**知覚野**です。例えば、犬の散歩に行くという活動では、リビングのソファから「わたし」を見つけてうれしそうに走ってくる犬の様子、少しかがんだときのリビングの風景の変化と犬をなでたときの柔らかい毛の感触、ドッグフードをあげるときの一連の動作と感覚と視界、そして玄関の扉を開けるときの動作と感覚と視界と、扉を開けたときの音と朝の清々しい空気の感触と日の光など、日常的な生の営みの各種の行為とそれに伴う知覚野が「わたし」の周りに展開し、「わたし」はそれを「わたし」が生を営んでいる世界として経験しています。

　すでに明らかだと思われますが、メルロ＝ポンティが知覚に注目するのは、知覚を科学的な目で注目して分析しようということではありません。メルロ＝ポンティにとっての知覚とは、**事実性の世界において生を営んでいる当事者において事実性の配置として自ずと展開するもの**です。2-1の2つ目の引用で「記述することが問題であって、説明したり分析したりすることは問題ではない」と論じられていましたが、それは実際に生を営んでいる当事者におけるそうした事実性の経験を記述することが重要だということです。

　そのような知覚野は、以下の引用で論じられているように、生を営む者において、「一切の諸行為によってあらかじめ前提されているもの」、「私の一切の思惟と一切の顕在的知覚とのおこなわれる自然的環境であり領野」となります。それは、**当事者における当事者としての基本的な世界の現前**です。そしてそれは、特別な注意が向けられる以前に、また反省的な認識などが行われる以前に、**いつもすでにそこにあって何気もなく経験されている世界**です。メルロ

＝ポンティは次のように言っています。

　　知覚は世界についての科学ではない、それは一つの行為、一つのきっ
　ぱりとした態度決定でさえもなくて、一切の諸行為がそのうえに〔図とし
　て〕浮き出してくるための地なのであり、したがって一切の諸行為によっ
　てあらかじめ前提されているものである。世界とは、その構成の法則を私
　が自分の手中に握ってしまっているような一対象なぞではなくて、私の一
　切の思惟と一切の顕在的知覚とのおこなわれる自然的環境であり領野なの
　である。　　　　　　　　　　　　　　　　　　　　　　（PP1, 1967, p.7）

3-2　世界内存在

　続いて、メルロ＝ポンティは、上の議論をハイデガーの世界内存在という視
点と接続します。

　　人間はいつも世界内にあり〔世界にぞくしており〕、世界のなかでこそ人
　間は己れを知るのである。常識のもつ独断論や科学のもつ独断論から離れ
　て私が己れ自身に帰るとき、私がそこに見いだすものは、内在的心理の奥
　房ではなくて、世界へと身を挺している主体なのである。
　　　　　　　　　　　　　　　　　　　　　　　　　（PP1, 1967, pp.7-8）

　ここに言う「世界へと身を挺している主体」というのがまさに**世界内存在**の
姿です。そして、そのようなわたしたちの真のあり方を捉えるためには、常識
のもつ独断論や科学のもつ独断論から一旦離れる還元という操作をしなければ
なりません。以下の引用では、現存在や本質などのハイデガーの思想の用語も
交えながらそのような主張をしています。

　　われわれの世界知覚を哲学的検討に委ねようと思うならば、…われわれ
　の〔世界への〕参加（engagement）の手前にまず身を退いて、その参加そ
　れ自体を光景として現出させなければならず、またかならず、われわれの
　実存の事実からわれわれの実存の本性にまで、現存在（Dasein）から本質

（Wesen）にまで移行しなければならない、というわけである。

（PP1, 1967, p.14）

しかし、そうは言いながら、現象学的還元の目的は本質を把捉することではないとメルロ＝ポンティは注意を促しています。そのようなことをすると、われわれはまたもや観念論や主知主義の陥穽に陥ってしまいます。メルロ＝ポンティの言うように、本質を追究することは目的ではなく手段であって（PP1, 1967, p.14）、世界に参加している「わたし」も、世界への参加の手前に身を退いて「わたし」の参加それ自体を光景として眺めている「わたし」も、いずれも、世界内存在としての生の営みの只中にある「わたし」です（PP1, 1967, pp.11-12）。**わたしたちは決して世界内存在として存在することを免れることはできない**のです。そのような事情をメルロ＝ポンティは以下のように説明しています。

> 世界とは、私が思惟しているものではなくて私が生きているものであって、私は世界へと開かれ、世界と疑いようもなく交流しているけれども、しかし私は世界を所有しているわけではなく、世界はいつまでも汲みつくし得ないものなのだ。…世界のもつこうした事実性〔偶然性〕こそ、世界の世界性（Weltlichkeit der Welt）をつくっているもの、世界を世界たらしめているものなのであって、…　　　　　　（PP1, 1967, pp.17-18）

ここでハイデガーの**実存**という用語を議論に採り入れたいと思います[4]。わたしたちははじめからすでに世界の中に在って実存的に生を営んでいます。科学的な世界についての認識を追究しようとも、反省的分析を遂行して特定の思想に到達しようとも、それを実践している当事者は、まさにそうした実践に従事することにおいてやはり世界内に存在していて、その当事者としての実存の実践に従事しています。世界というものを対象の位置に据えて、それを説明したり分析したり、そのあり方を究明しようとしたりして、あたかも自身は世界

4　当面は、実存というのは「現実（に）存在（する）」をつづめた用語だと考えておくのがいいでしょう。

の外にあるようなスタンスをとったとしても、その当事者はそうした実践に従事する者としてやはり世界内存在という実存から逃れることはできないのです。1-1の引用中の「本質を存在へとつれ戻す」というのはそのような現象学のもう一つのスタンスを表しています。

4. 機能しつつある志向性

4-1 志向性

　以上のようにハイデガーの現象学的な存在論と合流する形で現象学を説明するメルロ＝ポンティは、次に志向性の議論へと進みます。そして、フッサール現象学の一般的な解説ではあまり採り上げられることのない作動的志向性という視点を明確に位置づけることで、メルロ＝ポンティの現象学は独自の特性を帯びることになります。

　志向性（intentionality）が現象学の重要な視点であることは周知の通りです。志向性はフッサールがその師ブレンターノから継承した視点で、その趣意は「あらゆる意識は或るものについての意識である」（PP1, 1967, p.18）ということです。つまりあらゆる思考や意識は「〜についての」という志向性をもつということです。志向性は一般に、**ノエシス－ノエマ相関**として説明されます。ごく端的に言うと、当事者における経験の仕方が**ノエシス**（noesis）で、そのノエシスとの関係で経験されているものが**ノエマ**（noema）となります。フッサールは、生きることの営みとして世界を経験する当事者の経験とその経験の仕方をこのように定式化したわけです。しかし、それだけなら別に新しいものではない、とメルロ＝ポンティは指摘します（PP1, 1967, p.18）。そして、現象学の言う志向性の特性を以下のように説明しています。

　　　カントの言う〈或る可能な対象への関係〉から〔現象学の言う〕志向性を区別している所以のものは、世界の統一性は認識によって明確な認定作用のなかで措定されるよりもまえに、すでにつくられたものとして、あるいはすでに在るものとして生きられている、という点である。

　ここに言う「すでにつくられたもの」や「すでに在るもの」は、前節で論じた知覚野や前々節で論じた事実性に対応します。「世界の統一性」については次項でさらに議論します。

4-2　作動的志向性あるいは機能しつつある志向性

　志向性についてのそのような認識の上で、メルロ＝ポンティは、作用志向性と作動的志向性を明確に区別すべきことを指摘します。

　　　人間の意識に外からその目的をあたえるような一つの絶対的思惟でもって、人間の意識を二重化する必要はもはやない。むしろ、意識それ自体を世界投企として認めることが必要であり、かくして意識は世界へと運命づけられたものとなり、意識は世界を包摂したり所有したりはしないで、たえず世界へと向かってゆくことをやめないものとなるわけである。一方、世界の方も、これを前客観的個体（individu pré-objectif、筆者注）として認めることが必要であり、この個体のもつ厳然たる統一性（unité、筆者注）が、意識にたいしてその目的を指定するのである。フッサールが〈作用志向性〉（l'intentionalité d'acte）と、〈作動的志向性〉（l'intentionalité opérante、fungierende Intentionalität）とを区別した所以もここにあるわけであって、…

　　　　　　　　　　　　　　　　　　　　　　　　　　　　（PP1, 1967, p.19）

　注目するべき点は、「意識それ自体を世界投企として認めること」、「意識は世界へと運命づけられたものとなり、意識は世界を包摂したり所有したりはしないで、たえず世界へと向かってゆくことをやめないもの」であり、「世界の方も、これを前客観的個体として認めること」、「この個体のもつ厳然たる統一性が、意識にたいしてその目的を指定する」ことなどです。これらはいずれも、一般によく議論される志向性つまり作用志向性についてではなく、作動的志向性について述べられています。

　メルロ＝ポンティは、**作用志向性**とは「われわれの判断や意志的な態度決定

の志向性のこと」（PP1, 1967, p.19）であり、「『純粋理性批判』の語っていたところはこの方だけ」（PP1, 1967, p.19）だと説明しています。一方、作動的志向性については、上の一節に続いて、以下のように説明しています[5]。

> 後者（作動的志向性のこと、筆者注）は、世界およびわれわれの生活の自然的かつ前述定的統一をつくっているもの、客観的認識のなかでよりむしろわれわれの欲望、評価作用、われわれの〔見ている具体的な〕風景のなかにより一そうはっきりとあらわれるもの、われわれの認識がその正確な翻訳たろうとしている元のテクストを提供してくれるものなのである。倦むことなくわれわれに自己を告知しつづけているその姿での〔われわれと〕世界との関係というものは、何ら分析によってより明瞭となるようなものではない。
>
> （PP1, 1967, pp.19-20）

作動的志向性とは、「世界およびわれわれの生活の自然的かつ前述定的統一をつくっているもの」、または「われわれの欲望、評価作用、われわれの〔見ている具体的な〕風景のなかにより一そうはっきりとあらわれるもの」、「われわれの認識がその正確な翻訳たろうとしている元のテクストを提供してくれるもの」だとメルロ＝ポンティは言っています。さらに、それは「倦むことなくわれわれに自己を告知しつづけてい」て、それが提供するわたしたちと世界の関係は決して「分析によってより明瞭となるようなものではない」とメルロ＝ポンティはきっぱりと主張しています。このように、作動的志向性とは、作用志向性のようにわたしたちが自覚的に経験したり認識したりできる明証性のあるノエシス－ノエマ相関ではなく、**作用志向性の立ち現れの基底にあって厳然とした統一性をそれ自体がそれ自体として与え続ける世界制作の働き**だとメル

---

5 続く引用中の「生活」は、原典では"vie"です。そして、"vie"の和訳としては、引用中のように「生活」と訳されることが一般的です。しかし、「生活」と言うと、「毎日の生活」や「日常生活」のように「暮らし」のようなニュアンスになってしまいます。"vie"で意味されているのは実際には、「生きること」や「生を営むこと」です。ですので、本書の論述では"vie"に対応する部分はそのように表現しています。現象学関係では"vie"（フランス語）や"Leben"（ドイツ語）や"life"（英語）がしばしば言及されるのですが、いずれも一般には「生活」と和訳されています。

ロ＝ポンティは説明しています。作動的志向性と作用志向性を対比してより明瞭に言うと、作動的志向性とは**当事者の中心にあって総体としての経験世界を絶えることなく生み出し続け、その統一性のままに当事者に経験をさせる、意識による意識の生成機能**です。そして、作用志向性とは、意識がいわば「立ち止まった」ときに焦点化される、総体としての経験世界の一側面において見出される静態的な志向性です。

　作動的志向性はこのように作動し続ける機能のことです。それは、次節で論じるフィンクの論文では「機能しつつある志向性」と訳されています。この「機能しつつある志向性」のほうがその実態をよく捉え、言語の働きや意味もよく捕捉することができるので、以降では、機能しつつある志向性という用語を用いることとします。

5. 実存の実践の従事

5-1　機能しつつある志向性と志向性分析の方法

　機能しつつある志向性は本書の議論の重要な視点となりますので、メルロ＝ポンティも注釈で言及しているフィンクの論文に沿ってもう少し議論したいと思います[6]。

6　メルロ＝ポンティはフッサールの論として作用志向性と作動的志向性の区別を論じていますが、邦訳の訳注では、フッサールの文献では作動的志向性も機能しつつある志向性も見当たらないと言います。ただし、該当しそうな箇所は『イデーン1』の第3編第2章§84にあると指摘しています。あるいは、むしろ『ヨーロッパ諸学の危機と超越論的現象学』（フッサール, 1995）のpp.194-195を挙げることもできるでしょう。以下の通りです。
　　こうして世界意識は、不断の運動のうちにある。世界は、（直観的、非直観的、限定的、非限定的など）さまざまな仕方で変移しつつあるなんらかの客観的内容をもったものとしてつねに意識されているが、さらに触発や行為の変移においても意識されているのであり、そのばあいはつねに触発の全体的領域が存立していて、そのうちで触発する対象が時には主題的に、時には非主題的になるといったぐあいなのである。
　　一方で、メルロ＝ポンティも言及し本節でも論じている「エトムント・フッサールの現象学の問題」（フィンク, 1982）はフッサールの真意を敷衍したものと一般に認められていますので、本書でも同論考に基づいて機能しつつある志向性をめぐる議論を進めています。ちなみに、フィンクは晩年のフッサールの身近で助手を務めていた、フッサールの高弟です。

志向性の本質に対するフッサールの決定的な根本洞察は、以下のような事柄である。すなわち、一見してそのように単純な「〜についての意識」*は、単純化してゆく能作の結果であるということ、それはまた多くの意識の多様性がひとつのぎっしり内容のつまった（massiv）「〜についての意識」へと合流されているということであり、この意識がそのなかに有効に働くさまざまの意味契機を蔽うということである。隠されたもののなかで働きつつ、その成果のなかで蔽われてゆく、つまり意味によって充たされてしまう意識のありかたの、その蔽いをとることが志向性分析の課題なのである。この志向性分析の主題は、機能しつつある志向性（die fungierende Intentionalität）であり、生き生きと意味を形成し、意味を作動させ、意味を変化させてゆく意識の機能なのである。　　　　（フィンク, 1982, p.166）

　　* 邦訳でカギ括弧なしで「…についての意識」となっている部分は、読みやすさを考慮してカギ括弧付きの「〜についての意識」としました。以降の引用でも同様。

　「単純化してゆく能作の結果である」単純な「〜についての意識」というのは作用志向性のことで、そうした意識は「多くの意識の多様性がひとつのぎっしり内容のつまった（massiv）『〜についての意識』へと合流されている」とフィンクは言っています。つまり、単純化していくという意識それ自体の働きの結果である作用志向性という一片の意識は、生じ続ける多様な意味契機がぎっしり詰まった全体性を有する総体としての意識の生成の流れの中に位置しているということです。そして同時に、単純な「〜についての意識」である作用志向性は「そのなかに有効に働くさまざまの意味契機を蔽」います。また、「隠されたもののなかで働きつつ」というのは、作用志向性はその背後にあってそれを生み出したさまざまな意味契機を蔽い隠しながら働いているということで、「その成果のなかで蔽われてゆく」というのは、現在の作用志向性はそれに続いて生み出されるさまざまな意味契機に「蔽われてゆく」ということです。このように、**単純な「〜についての意識」が立ち現れてはまた次の単純な「〜ついての意識」に取って代わられてしまう、絶えることのない意味の充溢という意識のあり方のその蔽いを取ることこそが志向性分析の課題になると**

フィンクは論じています。そして、その帰結として、志向性分析の主題は、機能しつつある志向性であり、生き生きと意味を形成し、意味を作動させ、意味を変化させてゆく意識の機能なのであるとフィンクは主張しています。

　さらにフィンクは、志向性分析の方法について以下のように論じています。

　　あらかじめ与えられて目の前にある志向性と機能しつつある志向性とは、「〜についての意識」であるという形式上の性格を共通してもっている。志向性の問題は、作用の粗々しい主観的な生の統一から出発して、「単純な」作用がそのなかで組み立てられている綜合、すなわち意味に寄与している一切の志向的能与の綜合へと遡って問うところに成立する。…本源的な「〜についての意識」を、明確にして分析的な主題にして、それのもつ機能のうえで、それが行う生き生きとした意味形成のうえで、理解してゆくことが必要であろう。明証の単純化された作用形態は、単純化の過程へと取り戻されて、機能しつつある志向性のこの過程の結果として証明されなければならない。　　　　　　　　　　　　（フィンク, 1982, p.166）

「作用の粗々しい主観的な生の統一」とは主観において生じている多様な作用志向性が混在する経験のことです。そして、フィンクはそこから出発してよいと言っています。しかし、志向性の問題は本来、そうした「『単純な』作用がそのなかで組み立てられている綜合」、つまり意味の成り立ちに寄与している志向性の働きの生成と綜合のすべてにさかのぼって「単純な」作用を問うところにあるとフィンクは指摘しています。そのように働く志向性が機能しつつある志向性であり、それを明確に捉えて分析の主題にし、その働きに注意をそそいで、それが行っている生き生きとした意味形成の働きにおいてその本源的な「〜についての意識」を理解しなければならないとフィンクは主張しています。

5-2　実存の実践

　わたしたちが自覚的に経験する、あるいは自覚的に経験できるのは、作用志向性の部分です。しかし、それが図として浮かび上がってくる背後では必ず

「ぎっしり内容のつまった」統一的な地が生み出されています。わたしたちは明証的に経験している図だけに目を奪われていないで、図が現れてくる地をも含めた総体あるいは綜合としての「存在」の成り現れにこそ注目しなければならないとフィンクは主張しています。また、メルロ＝ポンティも「志向性についてのこうした拡張された概念によって、現象学的〈了解〉（compréhension）は、〈真にして不動な性質〉だけに限定されている古典的〈知解〉（intellection）とは区別されて、現象学は一つの発生的現象学となることができる」（PP1, 1967, p.20）と論じています。

　機能しつつある志向性という意識の働きによってそのように絶えることなく生み出されるのは、まさにその当事者が生きている世界経験です。それは、**当事者を中心にしてダイナミックに変化し続け更新し続ける、欲望や評価作用をも伴った総体としての世界あるいは世界経験**です。そして、世界内存在であるわたしたちは、自身が生み出し続けるその世界あるいは世界経験の発生源に常に位置づけられて、**それが更新されるに従ってその発生源である自身も更新されていく**わけです。これが世界内存在であるわたしたちが絶えることなく行っている**実存の運動**です。そして、わたしたちは生きているかぎり、そうした実存の運動を絶えることなく続け、**実存の実践**に従事し続けているわけです。

　ただし、一方でそのように素朴に実存の実践に従事しているわたしたちが「おやっ？」と思って立ち止まって自身の経験の中の特定の事態や対象を反省的に眺める瞬間があります。それが、それまで機能しつつある志向性の下に統一されていた当事者と経験世界が分離されて、世界を直截に経験している当事者から事態や対象を眺める主体が遊離する瞬間です。科学的な姿勢というのは、そうした視線を維持して特定の事態や対象を追究し探究しようという姿勢だと言っていいでしょう。

第**2**章

前期メルロ＝ポンティの言語論
── 身体性の言語論 ──

イントロダクション

　メルロ＝ポンティの思想はしばしば身体性の哲学と呼ばれます。そうした特徴は『知覚の現象学』で顕著に表れています。そして、メルロ＝ポンティの言語論は身体性の言語論と特徴づけることができます。『知覚の現象学』でメルロ＝ポンティが言語について主題的に論じているのは第1部第6章です。第1章から第5章まででも言語に関わる重要な視点が提示されていますが、それらは本章で論じる言語論との関連で必要に応じて採り上げることとして、「表現としての身体と言葉」と題された第6章に直截に入りたいと思います。

　その章の冒頭でメルロ＝ポンティは以下のように論じています。

　　　（これまでの議論で、筆者注）われわれは身体というものに、科学的対象の統一性とははっきりと区別される一つの統一性を認めてきた。…そこでいまや、言葉（parole）の現象とはっきりとした意味作用（signification）の働きとを記述するように努めることによって、いよいよ決定的に、主体〔主観〕と客体〔対象〕との古典的な二分法をのりこえることができるようになるであろう。
　　　　　　　　　　　　　　　　　　　　　　　　　　　　（PP1, 1967, p.286）

　メルロ＝ポンティは、言葉の現象と意味作用の働きを記述することで主体と客体という二元論を乗り越えることができるだろうと予言しているのです。これは、言葉と意味作用の問題がメルロ＝ポンティの身体性の哲学の中で枢要な

位置を占めることを意味しています。こうした予言を一定程度念頭において、メルロ＝ポンティの言語論の検討を始めたいと思います。

1. 世界内存在にとっての言葉

1-1 言葉の中の思考――現象的身体

　議論を始めるにあたって、用語を確認しておきたいと思います。まず、「言葉」は"parole"で、「語」は"mots"というふうに対応しています。"parole"とは、実際の言語活動従事を仲立ちする言語のことで、口頭言語だけでなく書記言語のディスコースも含まれます。バフチンの言う発話と対応していると言っていいでしょう（バフチン, 1988a, pp.136-137）。引用中の「思惟」は"pensée"で、それは英語の"thinking"におおむね対応します。ですので、本文ではこの部分は、「思惟」ではなく「思考」とします。

　言語についての導入的な議論をメルロ＝ポンティは以下のような言明で終えています。

> 　語は意味をもつという、ただこれだけの指摘をもってして、われわれは経験論とおなじく主知主義をものりこえることになるわけである。
>
> （PP1, 1967, p.291）

　これは以降の議論を方向づける重要な宣言ですが、少し疑義があります。冒頭の「語」の部分です。以下の議論で明らかなようにこの部分は語（mots）と言うよりもむしろ言葉（parole）と言うべきところです。以下、「言葉は意味をもつ」ということをめぐるメルロ＝ポンティの議論です。

　最初の重要な論点として、言葉は意味の標識ではなく、思考を完成するものだということを主張します（PP1, 1967, pp.291-293）。以下、その議論をたどっていきます。

　　もしも言葉が思惟をあらかじめ想定するものだったら、もしも語るとは

まず何よりも、認識の意図または表象をもって対象と合致することだったなら、どうして思惟がまるで自分を完成させるためであるかのように〔言葉の〕表現へと赴くのか、どうして最もなじみ深い対象でさえも、それの名前が憶い出せないうちはどうも落ちつきの悪いものに思えるのか、また、自分の書こうとしていることを正確には知らぬうちに本をかきはじめた多くの作家たちの実例が示しているように、どうして思惟する主体自身も、彼が自分の思想を自分にたいしてはっきりと定式化するかあるいは口にしたり書いたりさえしないうちは、自分の思想にたいして一種の無智の状態にとどまることになるのか——こうしたことが解らなくなってしまうであろう。
（PP1, 1967, p.291）

　このようにさまざまな疑問を提示した上で、思考が言葉になったり他者に伝達されたりする際の煩わしさを避けてただ自分に対してのみ存在することに満足していては、そのような思考は生じるや否や意識の背後に埋没してしまって、それは自分に対してさえ確としては存在しないことになるだろうと指摘しています。そして、「われわれは内面的または外面的な言葉によってわれわれの思惟を自分にあたえるという意味で、それはたしかに一つの思惟経験である」（PP1, 1967, p.291）と主張します。そして、さらに以下のように論じます。

　　思惟はなるほど瞬間的に、まるで稲妻の発するような具合に進んでゆく。しかし、そのあとにまだ、それをわがものとする仕事が残っているのであり、表現をつうじてこそ、思惟はわれわれの思惟となるのである。事物の命名は、認識のあとになってもたらされるのではなくて、それはまさに認識そのものである。薄暗がりのなかでわたしが或る対象に目を停めて、「これはブラシだ」と言うとき、わたしの心のなかにブラシの概念があって、そのもとにわたしはその対象を包摂し、一方その概念は〈ブラシ〉という語としばしば繰り返される連合によって結びつけられもする、といった具合ではなくて、むしろ、語自体が意味を身に帯びており、それを対象に当て嵌めることによってわたしは対象を捉えたことを意識するのである。
（PP1, 1967, p.292）

メルロ＝ポンティはこの部分で、2つのことを十分に区別しないで論じています。一つは、一つ上の引用で論じられている作家の例です。多くの作家は、何を書こうとしているかを正確に知らないうちに本を書き始めます。しかし、書き終えたときにそれは一つの作品として特定のテーマを展開する精妙な一貫性のある作品となっているわけですから、かれのその思考あるいは「作品」は最初からかれのどこかにあったとも言えます。ただし、その思考は作品として書き上げられなかったら、かれの中にあると言えるかどうか疑問です。もう一つの論点は、ブラシの例です。この例はわたしたちの日常的な生の中での世界経験の一側面を示しています。そこでメルロ＝ポンティが言いたいのは、「ブラシ」という概念がそれとして独立してあってその概念に「ブラシ」という語が結びつけられているというふうにはなっていないということです。部屋の空間の薄暗がりを経験しながら何気なしに目線を移動してみると、何かのぼんやりとした姿が浮かび上がって、やがて「ああ、こんなところにブラシがある」という実存的な経験をします。そのときの内的な言葉をメルロ＝ポンティは「これはブラシだ」として出しているのです。そして、そのような事態を「語自体が意味を身に帯びており、それを対象に当て嵌めることによってわたしは対象を捉えたことを意識する」と説明しているのです。上の引用部では主に「ブラシ」のことを論じているようですが、第一文と第二文は、両方のテーマにまたがって言われているようです。

　メルロ＝ポンティは、これに続いてさらに3つ目の観点を提示します。以下です。

　　　子供にとっては、対象はその名前が告げられたときにはじめて認識されたことになるのであり、名前は対象の本質であって、対象の色や形とおなじ資格で、対象自体に宿っているのである。科学以前の思惟にとっては、対象の名前を語ることがすなわちその対象を存在せしめること、ないしはそれを改変することなのであって、…　　　　　　　　　　（PP1, 1967, p.292）

　子どもは言葉をもつことではじめて対象を知り、生の世界を経験できるようになるというわけです。そして、言葉を仲立ちとすることは、対象を生の世界

に存在させるだけでなく、生の世界で独自の位置を占めるものとしてそれを改変をもするということです。

さらに、子どもの場合の議論の続きとして以下のように言っています。

> 主体〔子供〕は自分を普遍的思惟としては意識せず、むしろ自分を言葉として捉えることができるのでなければならないし、かくして語は、対象および意味の単なる標識であるどころか、事物のなかに住み込み、意味を運搬するものでなければならない。したがって、言葉は、言葉を語る者にとって、すでにでき上がっている思惟を翻訳するものではなく、それを完成するものだ。　　　　　　　　　　　　　　　　（PP1, 1967, pp.292-293）

ここに言う「（子供は）自分を言葉として捉えることができるのでなければならない」というのはどのような事情なのでしょう。また、「語は…事物のなかに住み込み」や、「言葉は…思惟を翻訳するものではなく、それを完成するものだ」というのはどういうことなのでしょう。詳しく検討してみましょう。

現象学の根本の見方は、**世界やその中の種々の対象はあらかじめ客体としてそこにそれとしてあるものではないという見方**です。そして、前章の4と5で論じたように、わたしたちは機能しつつある志向性の働きに基づいてノエシス−ノエマ相関において世界を統一的に経験すると見ます。そのようにして経験される世界がわたしたちが生きる世界であることは間違いないのですが、その世界は一種の仮想世界です。そこには、仮想世界をさもそこにある世界のように見定めながら他者とともに共同的に生を営んでいるというわたしたちの実存の姿が浮かび上がってきます。「語は…事物の中に住み込み」と言う場合の「事物」はそうした仮想世界の中に見出される事物のことです。それは、あらかじめ客体として存在する事物ではなく、**経験されている統一的な世界の内にあるノエシス−ノエマ相関としての事物**です。ですから、ノエシスの側にある言葉もいわばその世界にすでに住み込んでいることになります。ゆえに、生きることを営む実際の契機で立ち現れる言葉は、概念や思想を翻訳するものではなく、ノエシス−ノエマ相関において実存の経験を「完成する」ものとなります。ちなみに、後者の「言葉は思惟を完成する」という事情については、先

の作家のケースやブラシのケースにも当てはまるものとして主張されていると見ることができます。そして、このように考えてこそ、「（子供は）自分を言葉として捉えることができるのでなければならない」ということの事情がわかります。これは、つまり、わたしたちは常にノエシス－ノエマ相関において世界を経験するわけで、言葉はそのノエシスの側にあるもので、ノエシスの在り処は経験の当事者としての子どもとなるわけですから、子どもは「自分を言葉として捉えることができるのでなければならない」となります。ここで言及されているのは、メルロ＝ポンティの現象学の中核概念となる**現象的身体**（PP1, 1967, p.184）のことです。つまり、子どもは誕生とともに始まる、言葉もそこにありながらの他者との交流を通して徐々に実存的世界で生を営むことができる現象的身体をつくりあげていくということです。本章冒頭の引用中の身体も、この現象的身体のことです。

1-2　ノエシス－ノエマ相関としての言葉と実存からの敷衍

　上の議論と第1章で論じた現象学の実存という視点をかけ合わせると、いくつかのことが明らかになります。まず第一は、あらかじめ主体というものが在るわけではないということです。もちろん、生命のある者という意味での子どもは生きる者として存在するわけですが、実存的な経験がまだできない子どもは、すでに実存的な経験ができるようになっている者たちが生を営んでいる仮想世界の住人にはまだなっていません。子どもは、身体的な発達と並行して精神的な発達を進めることで、徐々に仮想世界の住人になっていくのです。

　第二の点は、主体は仮想世界で生を営む存在として活動し続けて、それとしての存在を維持することによってこそ存在するということです。主体というのは、あらかじめ画定し確定したものとして存在するわけではなく、つくり続け、維持し続け、更新し続けるものです。そのような事情を考えると、あらかじめそれとして存在しているかのような響きをもつ主体という用語を用いるのは適当ではないのかもしれません。ですから、本書では、主体という用語と並んでしばしば当事者という用語を用いています。主体とは、立ち現れ維持される当事者のことです。

　また、第三の点は、これはすでに言うまでもないかと思われますが、その仮

想世界というもの自体も、それに関与する主体あるいは当事者によってつくり続け、維持し続け、更新し続けられるものだということです。その仮想世界には、小さいものでは対面状況で起こるさりげない日常の出来事から、逐一それに関与したり影響されたりするわけではないが現代社会を生きる個人として関心を寄せる国の動きや、国と国あるいは国と地域の動きや、地球の環境のことや、わたしたちが興味や関心を寄せる学問や芸術や宗教などの広義のイデオロギー的な世界まで、さまざまな出来事や動きや世界や認識や観念世界などが含まれます[1]。

第四に、社会文化的な環境と切り結んでそれを実存的に経験できるわたしたち一人ひとりは、もともとの自然のままの知覚システムではなく、いわば**文化的に調律された知覚システム**（リード, 2000, p.36; 西口, 2020b, p.88）を備えているということです。そのような知覚システムが備えられて作動するからこそわたしたちは実存的に世界を経験することができるのです[2]。

そして、第五に、そのような文化的に調律された知覚システムは、一つの文化世界で生きることを営む人々の間では、個人差や下位集団間での相違を内包しながらも、一定の相似性を保持しています。その相似性こそが、対面的相互行為やより広く人と人の間で行われる言語的なコミュニケーション一般を、そしてさらには社会的な交流や交わり一般を支える重要な要因となっているのです。そして、そうして形成されるつながりが当事者の間に、当事者＝主体を在らしめ、仮想世界を在らしめて、個々の具体的な出会い（encounter）を成り立

---

1 新実存主義のガブリエルならこうした仮想世界が展開する場を意味の場（ドイツ語では"Sinnfelder"、英語では"field of sense"）と呼ぶでしょう（ガブリエル, 2020）。メルロ＝ポンティも、3-1の引用中のように「意味の世界」と言っています。

2 ジェインズは、考古学的な資料も引き合いに出しながら、小さな狩猟採集集団から大きな農耕生活共同体への移行の中で言語の発達に関わる新たな知覚システムが社会文化史的に形成される経緯の一側面を描いています（ジェインズ, 2005, pp.156-178）。また、こうした見方は、1844 年に書かれたマルクスの『経済学・哲学草稿』においてすでに見ることができます。該当箇所を抜粋で紹介します。

　　目の対象が社会的な、人間的な対象、すなわち人間から起こっている人間のための対象となっているように、目は人間的な目となっている。…諸感覚は事物のために、事物にたいしてふるまう。…対象が人間にとって人間的な対象あるいは対象的な人間となる場合にだけ、人間は彼の対象のなかで自己を失うことがない。…社会的人間の諸感覚は、非社会的な人間のそれとは別の諸感覚なのである。…五感の形成はいままでの全世界史の一つの労作である。　　　　　　　　（マルクス, 1964, pp.137-140）

たせるのです[3]。

　最後に、そうした個々の出会いとそこでの言葉の取り交わしに目を向けると、それらはいずれも、**世界内存在による、言葉（parole）を枢要な仲立ちとした、独自で個別的なつながり形成の相互的な実践**となっています。そしてそうなると、つながり形成を仲立ちしている**言語は文化的に調律された知覚システムの一種**であり、それは**機能しつつある志向性の一部**だとなります。

1-3　言葉の内に住み込む実存的意味

　言葉の話に戻りましょう。メルロ゠ポンティは、言葉と思考について以下のように論じています。ちなみに、これまでの引用でもこれ以降の引用でも、メルロ゠ポンティは思考（引用中では思惟）という用語を主体による世界経験あるいは意識や心理という意味と、いわゆる考えることという意味の両様で使っています。

> 　まず第一に、言葉とは思惟の〈標識〉ではない。…ところが本当は、両者はたがいに包みあっているのであり、意味は言葉のなかにとり込まれ、言葉は意味の外面的存在となっているのだ。…何としても語や言葉は、対象または思惟を指示する一つの仕方であることをやめて、それ自体、この思惟の感性的世界への現前とならねばならない。思惟の着物ではなくて、思惟の徴表（emblème、筆者注）または思惟の身体とならねばならない。
>
> （PP1, 1967, pp.298-299）

　ここに言う「感性的（世界）」とは、感覚器官で捉えることができるということですので、言葉は「思惟の感性的世界への現前」だというのは、**言葉は感覚器官で捉えられる領界に示された思考**だということになります。「思惟の徴表あるいは思想の身体」というのも同じ趣旨です。メルロ゠ポンティは続けます。

　3　文化という言葉は2つの意味的側面をもっています。一つは、自然ではなく、人間がつくった人工的なものという意味での文化です。今一つは、集団ごとに異なるという含意をあらかじめ内包した意味での文化です。「国によって文化や習慣が違う」と言う場合の「文化」は後者です。そして、「文化的に調律された知覚システム」では、前者の文化を主に意味しながら、後者の文化の意味も含めています。

言葉とか語とかは、それらに附着している意味の第一の層を身につけているわけであって、これが思惟というものを、概念的な言表としてよりも、むしろ様式として、感情的価値として、実存的身振りとしてあたえるのである。ここでわれわれは、言葉の概念的意味（signification conceptuelle、筆者注）の下に、一つの実存的意味（signification existentielle、筆者注）というものを見いだすのであり、これは単に言葉によって表現されるだけのものではなく、言葉のうちに住み込み、それと不可分になっているものである。

　　　　　　　　　　　　　　　　　　　　　　　　　　　（PP1, 1967, p.299）

　つまり、意味ということに注目すると、言葉は「それらに附着している意味の第一の層を身につけて」おり、「意味の第一の層」は思考を「概念的な言表としてよりも」むしろ「様式」として、あるいは「感情的価値」として、あるいは「実存的身振り」として反映すると言っています。そして、それは**実存的意味**というものであって、それは「単に言葉によって表現されるだけのものではなく」、「言葉のうちに住み込み、それと不可分になっているもの」だと説明しています。この部分も、ノエシス‐ノエマ相関として立ち現れる思考が論じられていると見ることができます。すなわち、　象（かたち）を得た言葉は一方で感性の領界に属するノエシスとなり、同時に、言葉はノエマとして意味の第一の層を身にまとうことになります。そして、当事者が経験するその思考は、名づけるとすれば実存的意味だということです。それは、世界内存在である当事者にとって、ノエシスである言葉の内に住み込み、それと不可分になっている意味です。

　そして、次の問題は、概念的意味です。上の引用では「われわれは、言葉の概念的意味の下に、一つの実存的意味というものを見いだす」と言っています。これはどういうことでしょう。上のように実存的意味は、言葉の象をノエシスの側とするノエシス‐ノエマ相関として当事者における思考あるいは意味の経験となります。しかし、その意味の経験は当該の言葉によって示されているとはいえ、それ自体としては画定されていません。**実存的意味は、確かにそこにあるのですが、画定的には捉えられない**ものです。

　一方で、言葉は実存の運動を通してまさに言葉として結実されるわけです

が、結実された言葉は、そこにとどまらないで、象を得た瞬間に構造化された語系列というもう一つの姿を現します。そうすると、言葉の要素となっている各語はそれぞれそれとしての意味的存在として立ち現れます。そのような場合のそれぞれの辞項やその語系列の意味が**概念的意味**です。それは、わかりやすく言うと、辞項の場合は辞書的な意味、語系列の場合は額面通りの意味や語用論的な意味です。第4章で詳しく論じますが、概念的意味はいわば言葉（parole）の意味的な軸であり、それとして一定の安定性があります。ただし、辞項や語系列がそれとして独立的に固有の概念的意味をもっていると考えるのは適当ではありません。それらの意味は、実際の言語実践の脈絡であれ、言語学習の脈絡であれ、意味を思い出そうとする行為の下で現れてくるものです。そして、その背後には、意味を言い当てようとする反省的な実践の蓄積があります（第4章の1-1）。

　続いて、この点がかれの言語論の際立った特徴となるのですが、メルロ＝ポンティは以下のように言語を人が示す所作の一種として位置づける議論をします。

　　　言葉は一つの真の所作であって、所作がその意味を内に含んでいるように、言葉もまたその意味を内に含んでいるのだ。意思伝達（communication）が可能となるのもこのためである。私が他者の言葉を了解するためには、あきらかに、相手の語彙と文章構造とが私によって〈すでに知られて〉いるのでなければならない。けれども、このことは何も言葉がそれと連合している〈表象〉が私のなかに惹きおこすように働いて、その表象が幾つか集まってついには話者のもっていた元の〈表象〉が私のなかにも再現されるようになる、なぞといったことを意味するものではない。まず何よりも私が意思伝達をもつのは、〈表象〉とか思惟とかにたいしてではなく、語っている一人の主体にたいしてであり、或る一つの存在仕方にたいしてであり、彼の目ざす〈世界〉にたいしてである。　　　　　　（PP1, 1967, p.301）

　こうした見方は、バフチンの対話原理との呼応を示す部分となっているとともに、哲学の難問の一つである他者理解の問題に直接に関わる議論へとつなが

ります。本節の残りと次節ではそうした関心の下で議論をします。

1-4　実存の運動と転調——バフチンの対話原理との呼応

　バフチンの言語論は対話原理として知られています。**対話原理**（dialogism）とは、何らかの特定の原理群ではありません。それは、ことばのやり取りを伴う人と人の接触・交流を、そして人間の意識や心理のあり様を対話的に見るという主義あるいは流儀（西口, 2013, p.140）です。先の引用で示されているメルロ＝ポンティの立場は、そのようなバフチンの対話原理の立場と重なります。そして、引用の最後の「私が意思伝達をもつのは、〈表象〉とか思惟とかにたいしてではなく、語っている一人の主体にたいしてであり、或る一つの存在仕方にたいしてであり、彼の目ざす〈世界〉にたいしてである」というのは、以下に示すバフチンの能動的理解の視点と符合します。

　　あらゆる真の理解は、しかし〔受動的な理解ではなく〕能動的なものです。答えの萌芽をはらんでいるものです。テーマを捉えうるのも、能動的な理解だけです。生成しているものを捉えうるのは、自らも生成しつつあるものだけです。他人の発話を理解するということは、その発話に対して一定の方向〔位置〕決定をするということ、それに対して然るべき脈絡の中で、然るべき位置を見い出してやるということを意味します。

　　　　　　　　　　　　　　　　　　　　　　（バフチン, 1980, p.226）

　さらに、対話原理においては、能動的理解にとどまらず、以下のように能動的応答的理解という視点で発話の理解や他者理解を論じます。

　　このようにして、発話の個々の析出しうる意味要素と、発話全体とが、〔理解の過程で、発話が発せられた脈絡とは〕別の能動的に応答しようとする脈絡の中に移し入れられるのです。あらゆる理解が、対話性をもっているものです。発話と理解とは、対話における一方の言葉とそれに対する他方の応答と同じ関係にあります。理解は、相手の言葉に対し、対抗の言葉とでもいうべきものを探し出そうとするものです。　（バフチン, 1980, p.227）

そして、この論点も、メルロ＝ポンティの以下の一節と呼応しています。

> 他者の言葉を発動させた彼の意味的志向は、はっきりと顕在化した思惟ではなくて、充足されることを求めている或る一つの欠如態であったが、それとまったくおなじように、この志向を捉える私の作用の方も、私の思惟の操作ではなくて、わたし自身の実存の同時的転調であり、私の存在の変革なのだ。 (PP1, 1967, pp.301-302)

引用中の「実存の同時的転調」や「私の存在の変革」には、他者の志向を捉えようとしながらすでに応答の身構えをし始めている「わたし」の姿が示されています。そして、対面的な言語実践ではそうしたことが話者交代をしながら相互的に行われるのです。

1-5 制度化された言語的所作——構成された言葉

1-3のように、当事者の実存的経験の脈絡で実存的身振りと実存的意味について論じたメルロ＝ポンティは、言語的所作の制度化の議論に進みます。

> われわれは、言葉が制度化している（être institué）世界のなかに生きている。そして、こうした公共の言葉にたいして、われわれはすでに形成された意味を自分自身のなかに所有している。したがって、それらの言葉がわれわれのなかに惹きおこすものは、単に二次的な思惟にすぎず、後者は後者でまた他の言葉によって表現されるのであり、この言葉の方も、それを表現するのにわれわれの方で別にさしたる努力をする必要のあるものではないし、また聴者の方でも、それを了解するのに何の努力もする必要のないものである。したがって、言語と言語の了解とは、自明のことのように見える。 (PP1, 1967, p.302)

言葉の制度化というのは、もちろん、言語が社会的に約束事とされて共有されるものとなっていることを意味します。そして、そのような言語の制度化を背景とした言葉の交換に関してメルロ＝ポンティは以下のように論じます。

日常生活のなかで働いているような、構成された言葉というものは、表現の決定的な一歩がすでに完了してしまっていることを、あきらかに想定しているのだ。　　　　　　　　　　　　　　　　（PP1, 1967, p.302）

　こうした引用の中の「すでに形成された意味」や「日常生活のなかで働いているような、構成された言葉」とは何でしょう。メルロ＝ポンティは、1-1の最後の引用の末尾に以下のような注釈を付けています。

　もちろん、2つの言葉を区別する必要があるのであって、第一は、初めて言表のかたちをとった真正な言葉、第二は、二次的な表現、言葉についての言葉であって、これが経験的な言語の慣例（ordinaire、筆者注）となっている。思惟と同一視できるものは第一の言葉の方だけである。

（PP1, 1967, p.295の注(2)）

　日常生活の中で働いているような**構成された言葉**というのは、ここに言う「二次的な表現」や「経験的な言語の慣例となっている」もののことです。それは日常的な言語活動を仲立ちしていて、何気なく交わされている言葉や表現のことです。それは**慣例となって使い回されている言葉**というふうに言っていいでしょう。そして、「すでに形成された意味」とは、構成された言葉の意味で、それは1-3で論じた概念的意味とおおむね重なると見られます。そうした構成された言葉とその意味について「表現の決定的な一歩がすでに完了してしまっていることを、あきらかに想定している」とメルロ＝ポンティは主張しているのです。その主張は、概念的意味は個々の実際の行為の言葉が示している所作的意味（2-3で後出）を原型として、それからの**縮図**（reduction）として形成されたものだという見解（PP1, 1967, p.294）と直接に関係する主張です。

　構成された言葉の話は、語る言葉と語られた言葉の区別（PP1, 1967, p.321）の話につながります。そうした議論は、以下で所作と言語的所作をめぐる議論を行った上で、次章で展開したいと思います。

2. 言語的所作

2-1 所作と言語的所作

　メルロ＝ポンティは所作というものをカギとして意味の起源と言語の本質に迫っていきます。先の引用と一部重なりますが、メルロ＝ポンティのそうした議論の端緒の言葉を引用します。

> 　日常生活のなかで働いているような、構成された言葉というものは、表現の決定的な一歩がすでに完了してしまっていることを、あきらかに想定しているのだ。したがって、その根源にまで遡らないかぎり、言葉のざわめきの下にもう一ど始元の沈黙を見いだして来ないかぎり、この沈黙を破る所作を記述しないかぎり、われわれの人間観は、いつまでも皮相なものにとどまるであろう。言葉とは一つの所作であり、その意味するところとは一つの世界なのである。　　　　　　　　　　　　（PP1, 1967, p.302）

　所作の原語は"geste"となっており、それは英語の"gesture"にあたります。そして、メルロ＝ポンティは、言葉とは一つの所作であり、その意味するところは一つの世界だと言っています。
　メルロ＝ポンティの言う所作についてさらに検討しましょう。

> 　所作の意味は、あたえられるのではなくて了解されるのであり、つまり、観察者自身の一つの行為によって把握し直されるのである。…私は怒りとか脅しとかを、所作の背後に隠れている一つの心的事実として知覚するのではなく、私は怒りを所作そのもののなかに読み取るのだし、所作は私に怒りのことを考えさせるのではなくて、怒りそのものなのだ。
> 　　　　　　　　　　　　　　　　　　　　　（PP1, 1967, pp.302-303）

　怒りを例にして言うと、自身及び多くの人は怒っているときにある種の特定可能な所作を見せるというわけです。そして、それを目にした他者はその所作

の背後に怒りという心的事実を知覚するのではなく、むしろ所作そのものに怒りを読み取ると言うのです。つまり、所作はそれを目にした者にその背後に怒りのことを考えさせるのではなく、所作は怒りそのものだとメルロ＝ポンティは主張しています。あるいは、端的に、所作は意味の徴表であると言ってもいいでしょう。この部分は、『知覚の現象学』での主要な主張の一つである**身体図式**（schéma corporel）（PP1, 1967, p.172）のことを言っています。つまり、実存的に世界を経験する者は、その世界経験を身体図式という形で身体化するということです。そして、観察者は自身の行為によってそれを把握し直すとメルロ＝ポンティは言っています。

2-2 「わたし」の意図と「他者」の所作及び「わたし」の所作と「他者」の意図の相互性

前項末の「観察者は自身の行為によってそれを把握し直す」というのは、メルロ＝ポンティ独自の他者理解の議論へと展開されます。メルロ＝ポンティは以下のように論じています。

> 意思伝達または所作の了解が獲得されるのは、私の意図と他者の所作とのあいだの相互性、私の所作と他者の行為のなかに読みとり得る意図とのあいだの相互性によってである。すべてはあたかも、他者の意図が私の身体に住まっているかのように、あるいは逆に、私の意図が他者の身体に住まっているかのようにおこる。私が目撃している所作は、或る志向的対象を点描によって描き出しており、その志向的対象がくっきりと顕在化され、十全に了解されるようになるのは、私の身体の能力がその対象に調整され、それと重なるときである。　　　　　　　　　（PP1, 1967, p.304）

ここに言う意図（intention）とは、情動（émotion、PP1, 1967, p.305）に包まれた当事者による世界経験のことです。そして、この一節では、協働的に共同的な生を営むときには、「わたし」が情動を伴いながら世界を経験したときの所作と他者が情動を伴いながら世界を経験したときの所作に相似性が生じるだろう（PP1, 1967, p.309）ということをあらかじめ含意しています。そのような前

提の上で、「他者」が世界を実存的に経験して何らかの所作を見せたときに、「わたし」はその所作にかれの世界経験（意図）を読み取ることができますし、逆も同じで、「他者」のほうも「わたし」が世界を実存的に経験して何らかの所作を見せたとき、その所作に「わたし」の世界経験を読み取ることができると言っているのです。それが、「わたし」と「他者」の間で起こり維持される、いわば襷掛けの形となる**意図と所作の相互性**です。「他者」の所作（ノエシス）はある志向的対象（ノエマ）を点描によって描き出していて、その志向的対象がくっきりと顕在化され十全に了解されるのは、意図と所作の相互性に基づいて「わたし」の身体の能力がノエシス−ノエマ相関の下に目の前で展開される他者の経験に調整されてそれに重なるときだとメルロ＝ポンティは他者理解を説明しています。同様の事情をメルロ＝ポンティは以下のように言い替えています。

> 私は私の身体によってこそ他者を了解するのであり、それはちょうど、私が私の身体によってこそ〈物〉を知覚するのと一般である。そして、このようにして〈了解された〉〔他者の〕所作の意味は、その所作の背後に在るのではなく、その所作が描き出している世界の構造、そしてやがて今度は私の方で捉え直すことになる世界の構造とまじり合っているのであり、その所作そのもののうえに自己を開陳しているのである。
>
> （PP1, 1967, p.305）

　ここで重要な点は、「他者」も「わたし」もともにそれぞれの身体によって世界や対象を経験しているわけですが、ここでいわば両者をつなぐ第三項として世界の構造が出てきます。つまり、「わたし」が身体図式として経験するのは客観的実在としての世界ではなく、**人工的な文化的産物としての世界の構造**であり、「他者」がその所作において経験しているのも同様に人工的な文化的世界構造であって、それは「わたし」のほうで捉え直す世界構造と混じり合っています。これが、世界を経験する身体において「わたし」と「他者」は通じ合っているという意味の**間身体性**（intercorporéité、S2, 1970, p.18）成立の構図です。

このような結果として、「他者」の所作の意味は、その所作そのものの上に輪郭が示されて開示されることになるのです。そして、**このような世界経験とその示しとその捉え直しを相互に交代で行うことによって、実存的経験をしつつある「わたし」と、同じく実存的経験をしつつある「他者」との間で、相互的に共同的な世界経験に従事するということが可能になる**のです。

　最後に少し補足をすると、ここに言う所作とは、表情、目線、手の動き、身体の姿勢と動き、素振り、呼気と吸気など身体が示すあらゆる状態や状態変化を指しています。このように所作について考察した上で、メルロ＝ポンティは、**言語的所作**も「他のすべての所作とおなじくおのれみずからその意味を描き出している」（PP1, 1967, p.305）と主張します。

2-3　自然的標識と人工的標識

　続いて、メルロ＝ポンティは「言語の起源を了解しようと思うならば、どうしてもこうした考えに帰着せざるを得ない」（PP1, 1967, p.306）と述べて、言語的所作とその他の所作の違いについてクリティカルに検討します。

　メルロ＝ポンティは「一見したところでは、語にも所作の場合と同様に一つの内在的意味を認めることは、不可能なことのようにも思われる」（PP1, 1967, p.306）と言います。なぜなら、所作は人間と感性的世界との間のある関係を指示するもので、そうした感性的世界は自然な知覚によって観察者に与えられ、その志向対象も所作と同時に観察者に提供されるからです（PP1, 1967, p.306）。それに反し、言葉が関わる場合にあっては、それがめざすものは「一つの精神的風景」であって、それははじめから人々に与えられているものではないように見えると言います。しかし、この場合には、所作の場合のように自然が与えてくれはしないが、「代わって文化がこれを提供している」と主張します（PP1, 1967, p.306）。「文化がこれを提供している」とはどういうことでしょうか。メルロ＝ポンティはその事情を以下のように説明しています。

　　　手持ちの意味、つまり過去の表現行為の集積が、語る主体たちのあいだに一つの共通の世界を確立しており、現在使われるあたらしい言葉がそれに依拠することは、あたかも所作が感性的世界に依拠するのとおなじこと

である。そして言葉の意味とは、その言葉がこの〔共通の〕言語世界を使いこなす仕方、あるいはその言葉が既得の意味というこの鍵盤のうえで転調する仕方、以外の何ものでもない。　　　　　　　　　（PP1, 1967, p.306）

　メルロ＝ポンティはそのように説明していませんが、「手持ちの意味」というのは前項末で論じた世界経験の構造のことと見ていいでしょう。所作の場合では、所作というノエシスとその志向先のノエマである情動が対応します。それと類似して、言葉においても、言語的所作というノエシスとその志向先のノエマという精神的な世界経験の仕方が何度もなぞられて沈殿して集団のメンバーの間で一つの共通の世界が確立されます。そして、新たに言葉を行使するときは、その手持ちの意味あるいは共通の世界経験に依拠しながら現下の契機を象（かたど）ります。ゆえに、言葉の意味とは当事者が言葉を活用してその「共通の言語世界を使いこなす仕方」、あるいは言葉を活用して**既得の意味という鍵盤の上で現下の具体的で個別的な契機を転調する仕方**だということになります。この議論は次節で論じる、構成された言葉と構成する言葉の議論につながります。

　ただ、このように論じたとしても、まだ「情動的所作ないし身振りは〈自然的標識〉（signes naturels）であり、言葉は一つの〈習俗的標識〉（signe conventionnel）である、とこう一般に言われている」（PP1, 1967, p.307）と一旦認めた上で、メルロ＝ポンティは実際には所作そのものも習俗的標識あるいは人工的標識なのだと主張します。メルロ＝ポンティは、まず詩を例として以下のように論じます。

　なるほど語のもつ概念的・辞項的意味だけを考察するならば、たしかに語詞形式は──語尾は例外だが──恣意的なもののように思われよう。だが、もし語のもつ情動的意味を考慮に入れてくるとなると、事態はもはや別のようになってくるはずであって、しかもこの情動的意味（sens émotionnel）というのは、さきに語の所作的意味（sens gestuel）と名づけて置いたところのもので、これはたとえば詩においては本質的なものである。すなわち、この場合に認められるであろうことは、語も母音も音韻も

それぞれ世界を唄うための仕方であり、それらはもともと対象を表象する
ためのものである、ということであって、…それらのものが対象の情動的
本質を抽出し、語の本来の意味でこれを表現〔表出〕するからである。

(PP1, 1967, p.307)

　詩においては、情動的意味は本質的なものであり、詩の言葉は「語も母音も
音韻もそれぞれ世界を唄うための仕方であり、それらはもともと対象を表象す
るためのものである、ということであって、…それらのものが対象の情動的本
質を抽出し、語の本来の意味でこれを表現〔表出〕する」と説明しています。
メルロ＝ポンティは、人工的標識を自然的標識と見なすことがむずかしく思わ
れるのは「人間には自然的標識なぞは存在しないから」だと宣言し、上で論じ
たように言語を情動的表現に近づけたからといって「別に言語のもつ特殊性を
殺してしまうことにはならない」と主張します（PP1, 1967, p.309）。そして、こ
うした主張を世界内存在というわたしたちの根源的な存在様態と結びつけて、
その身体性の言語論の中核となる主張をします。

　　言語を情動的表現に近づけたからといって、別に言語のもつ特殊性を殺
　してしまうことにはならないのは、本当は、われわれの世界内存在の変様
　としての情動自体が、われわれの身体のなかに含まれている機械的な装置
　にたいしてすでに偶然であるからであり、言語の水準まで来て頂点に達す
　る、刺戟と状況との形態化（mettre en forme、筆者注）のその同じ力を、情
　動自体がすでに表示しているからである。　　　　（PP1, 1967, p.309）

　この部分のメルロ＝ポンティの議論はかなり濃密になっているので箇条書き
で整理してみます。以下では、形態化（mettre en forme）を「ゲシュタルト化」
としています。

（1）情動自体がすでにわたしたちの世界内存在としての実存の運動の産物で
　　ある。
（2）情動は、人間という生体の機械的な生理学的装置の働きから必然的に生

じるものではなく、たまたまある様態で生じたものである。

(3) 人間の世界経験の基底には刺激や状況をゲシュタルト化する力が働いている。

(4) 情動はそれ自体ですでにゲシュタルトに起因している。

(5) ゲシュタルト化する力は、言語において頂点に達する。

　(3) のゲシュタルト（ドイツ語では"Gestalt"、フランス語では"forme"）あるいはゲシュタルト理論はメルロ＝ポンティが最初の主著『行動の構造』（SC, 1964）のときから枢要な視座として採り入れているもので、『知覚の現象学』のこの部分に先行する諸章でも中心的に論じられています。ただし、メルロ＝ポンティは、ゲシュタルト心理学でゲシュタルトという現象を説明する際によく例として出されるルビンの壺の場合のように、個別の対象の認識に関わることとしてゲシュタルトをもち出しているのではありません。むしろ、世界内存在である**わたしたちは世界を実存的に経験するときに世界をゲシュタルト化して全体性を有する総体として経験する**というふうに**現象学的な実存の見方とゲシュタルト理論を結びつけています**。そうしたゲシュタルト化には当該の契機での当事者による情動をも含む独自の視点設定が伴うことは言うまでもありません。また、全体性を有する総体として経験される世界は、日常の経験としてはいつもの馴染みのある世界となります。

　一方、本項の議論の脈絡で重要なのは、(4) です。つまり、情動はそれ自体すでに世界内存在による実存的な世界経験の領域の現象であって、決して自然的な領域の現象ではないということです。ゆえに、情動に関わる所作も決して自然的標識ではないということになりますし、**世界内存在として世界を経験している人間においては自然的標識などはそもそも存在しない**、ということになります。別の言い方をすると、**情動と所作はノエマとノエシスの関係**にあり、それはすでに世界内存在としてのわたしたちの実存的経験の一部をなすということです。

2-4　情動と所作の文化特殊性と身体性の言語論

　情動と所作はノエシス‐ノエマの関係にありますので、そこから当然、情動

と所作の文化特殊性が出てきます。それをメルロ＝ポンティは以下のように論じています。

　　怒りの仕草なり愛の仕草なりは、日本人と西洋人とでは、〔身体の解剖学的組織は同じでも〕同じではない。より正確には、仕草の違いは情動そのものの違いと相重なっているのだ。単に所作だけが身体組織にたいして偶然的であるのではなく、そもそも状況に対処してそれを生きる仕方そのものがそうなのである。日本人は怒ると微笑するが、西洋人は赤くなって足を踏み鳴らしたり、あるいは色蒼ざめて口角泡を飛ばす。(PP1, 1967, p.309)

　そして、メルロ＝ポンティの理論では、所作だけでなく言語的所作も身体論の一部として論じられます。すなわち、わたしたちが世界を実存的に経験するときの一つの仕方として、**言語的所作という身体図式を得て世界を経験するという仕方**があるということです。言語的所作をめぐる議論の結論としてメルロ＝ポンティは以下のように論じています。少し長くなりますが、引用します。

　　或る人間が自分の身体をどう使用するかということは、単なる生物学的存在としてのこの身体を超越した事柄である。怒ったときに大声を挙げたり、愛情を感じて接吻したりすることは、テーブルのことをテーブルと呼ぶより以上に自然的なことでもなければ、より少なく習俗的なことでもない。感情や情念的な行為も、語とおなじように作り出されたものだ。父子関係の情のような、人体のなかにすでに刻み込まれてしまっているようにみえる感情でさえも、本当は制度なのだ。人間にあっては、〈自然的〉と呼ばれる行動の第一の層と、加工された文化的ないしは精神的な世界とを重ね合わせることは不可能である。あるいはこう言った方がよければ、人間にあっては、すべてが加工されたものであり、かつ、すべてが自然的なものであって、このことは、単なる生物学的存在に何ものかを負わせないような一つの語も一つの行為も存在しない、という意味でそうであり、しかも同時に、人間の定義として役立ち得るような一種の脱出（échappement）、一つの曖昧さへの天分によって、動物的生活の単純さか

ら脱れたり生活的行為からその意味を逸らせたりしないような一つの語も一つの行為も存在しない、という意味でもそうなのである。

（PP1, 1967, p.310）

　ただし、メルロ＝ポンティはさまざまな所作の中でも、その後の人間における言語的経験の発展につながる言語の特殊性について忘れずに言及しています。

　　ただ、本当のところは──このことが言語にたいして一般におこなわれている特殊な状況設定を正当化するものだが──あらゆる表現操作のうちひとり言葉だけが、沈澱作用をおこして一つの相互主観的な獲得物を構成することができる、ということである。

（PP1, 1967, p.311）

　このように言語が沈澱作用を起こして相互主観的な獲得物を構成するがゆえに、それを基礎としてその後に書記言語が発達したわけですし、やがて書記言語が主導的な役割を果たして今や学問、芸術、道徳、宗教、政治などにわたる壮大な象徴の殿堂（バーガー, 1979, p.10）が築き上げられています[4]。

3. 実存のゲシュタルトとしての言語的所作

3-1　言語的所作と経験の構造化

　所作と言語的所作の検討を通した言葉をめぐる考察を行ったメルロ＝ポンティは、次にわたしたちの実存を絡めた議論へと話を展開していきます。

　本章は、1-1での「語は意味をもつ」（PP1, 1967, p.291）とのメルロ＝ポンティの言明から始まりました。そして、1-3で「言葉とは思惟の〈標識〉ではない。…意味は言葉のなかにとり込まれ、言葉は意味の外面的存在となっているのだ。…語や言葉は、対象または思惟を指示する一つの仕方であることをやめて、それ自体、この思惟の感性的世界への現前とならねばならない。思惟

4　言語とわたしたちの思考や知性の発達との関係についてはオング（1991）が詳しく研究います。

の着物ではなくて、思惟の徴表または思惟の身体とならねばならない」（PP1, 1967, pp.298-299）とメルロ＝ポンティは言っていました。そうした事情についてメルロ＝ポンティはかれ独自の身体論の観点からさらに論じています。

> 一体、言語は思想を〔外部に〕表出していないのだとすれば、何を表出していることになるのか。言語とは、主体がその意味の世界のなかでとる、その位置のとり方を表しているのであり、あるいはむしろ、その位置のとり方そのものである。ここで言う〈世界〉という言葉は、単に表現上の言い廻し方にすぎぬものではない。この言葉によって言おうとするところは、〈精神的〉ないしは文化的生活もその構造を自然的生活から借りて来ている（emprunte、筆者注）ということ、思惟する主体は受肉した主体のうえに基づけられねばならないということである。音声的所作は、語る主体にたいしてもそれを聴いている主体にたいしても、経験の或る一つの構造化、実存の或る一つの転調（modulation、筆者注）を実現するのであって、それはまさしく、私の身体の行動が私にとっても他者にとっても、私の周囲の事物に或る一つの意味を授与するのと相等しい。（PP1, 1967, p.316）

この部分を読み解いてみましょう。まず、「意味の世界」というのは端的に言うと出来事の世界です。世界はわたしたち人間が現れるまでは、言ってみれば自然の世界としてただ自然の現象が絶えることなく起こっている世界でした。しかし、わたしたち人間は、この世界に登場して労働という様式で自然的な世界に立ち向かうようになり、世界を改変して生きることの独自の方式を創り出すようになりました[5]。そして、そうして創り出す「わたしたちの世界」を歴史的にますます改変してきました。このようにわたしたちによってわたしたちのために創り出された世界が、わたしたち人間にとっての世界です。そのわたしたちの世界は、ただ自然の現象が生じる自然の世界ではなく、わたしたちが身につけた認識能力を通して独自の姿を与えられる文化的な世界となります。そして、文化的な世界では、自然の現象ではなく、社会文化的な出来事が

---

5 労働の概念については、ヘーゲルの思想（ヘーゲル, 1998）に準じて、木田（2000）の pp.176-178でわかりやすく解説されています。

起こるのです。つまり、出来事というのは**わたしたちが経験する事態**であり、文化的な世界というのは**出来事が起こる世界**となります。

　一方、わたしたちの身体はただ生化学的な反応が生じる物理的な存在ではなく、思考や情動や欲求などの精神によって生きることが先導される「心を持った物体」（OE, 1966, p.132）です。上の引用中の意味の世界とは、そうした**「心を持った物体」たちが互いに意味を示し合い認め合いながらそれとしての生を営んでいる世界**です。そして、言語とは、**「心を持った物体」がその意味の世界の中で取る位置の取り方を表しているもの、あるいは位置の取り方そのもの**だとメルロ＝ポンティ論じています。

　次に、「経験の或る一つの構造化」と「実存の或る一つの転調」についてです。ここに言う「構造化」や「転調」は2-3で論じた世界のゲシュタルト化と対応しています。世界のゲシュタルト化とは、世界を全体性を有する総体として構造化し転調して経験するということです。それは、**機能しつつある志向性に基づいて統一的な世界経験が一つの全体として現れる**という形で行われます。そして、一方で、わたしたちの現象的身体は世界や経験をゲシュタルト化すると同時に、それと連動して身体の姿勢や表情や所作を象（かたど）ります。それはいわば、**現象的身体による世界や経験の照準とそれと連動した身体所作の照準**です。その結果、**現象的身体の所作（ノエシス）はわたしたちにおける世界や経験（ノエマ）を示す徴表となる**のです[6]。

　そして、重要なのはその次で、音声的所作も「語る主体にたいしてもそれを聴いている主体にたいしても、経験の或る一つの構造化、実存の或る一つの転調を実現する」のであり、音声的所作を示すことは、「私の身体の行動が私にとっても他者にとっても、私の周囲の事物に或る一つの意味を授与するの」と同じことであるとメルロ＝ポンティは主張しています。つまり、**「わたし」の言語的な振る舞いは、経験の構造化として実存の転調を実現し、それは実存的な主体として生を営んでいる「わたし」における現下の生を発露し、「わたし」を一つの「心を持った物体」として在らしめる**のです[7]。これが、メルロ＝ポンティの身体性の言語論の中心点です。

3-2 主体と客体の二分法の乗り越え

上の引用に続いて、メルロ＝ポンティは、わたしたちが意味の世界をもつことの意義を次のように論じています。

> 意味するという――つまり、或る意味を捉えると同時にそれを伝達するという――この開かれた、無限定の力をば、究極的な事実として認めねばならぬのであって、この力によってこそ、人間は己れの身体と言葉とをつうじて、あらたな行動へと、あるいは他者へと、あるいは己れ自身の思惟へと自己を超越するのである。　　　　　　（PP1, 1967, pp.317-318）

意味するという限りのない力によって、わたしたちは自身の身体（所作）と言葉（言語的所作、あるいは音声的所作）を通じて、新たな行動へと、また他者へと、あるいは自分自身の思考へと自己を超越するとメルロ＝ポンティは高らかに主張しています。

本章冒頭で紹介したように、メルロ＝ポンティは「いまや、言葉（parole）の現象とはっきりとした意味作用（signification）の働きとを記述するように努めることによって、いよいよ決定的に、主体〔主観〕と客体〔対象〕との古典的な二分法をのりこえることができるようになるであろう」と予言していました。所作及び言語的所作を中軸的な視座とした以上の議論でそれが達成できたであろうとして、メルロ＝ポンティは以下のように当該の章での議論について結論的に述べています。

> 私とは私の身体である。すくなくとも、私が一つの既得物を身につけて

6　2-2の末尾で言及したように所作とは、表情、目線、手の動き、身体の姿勢と動き、素振り、呼気と吸気など身体が示すあらゆる状態や状態変化です。それに関連して、バフチンは、「呼吸、血液循環、身体の動き、調音、内的発話、顔面の動き、外部からの刺激、たとえば光の刺激に対する反応など…生体のうちにおこるすべてのことが経験を表現する記号となりうる」（バフチン, 1980, p.60）と言っています。

7　文化人類学者のホランドは、メルロ＝ポンティの言う意味の世界や精神的あるいは文化的生活の世界に対応するものを形象世界（figured world）として定式化しています（Holland, et al., 1998）。形象世界とは、形象すなわちメルロ＝ポンティの場合の所作や言語的所作を示すことによってこそ構成され、維持され、更新される世界のことです。

おり、逆に私の身体が一つの自然的な主体として、私の全存在の一つの暫定的スケッチとして存在するまさにそのかぎりでは、そうなのである。したがって、自己の身体の経験は、対象〔客体〕を主観〔主体〕から、主観〔主体〕を対象〔客体〕から切り離す反省的運動とは対立するものであって、そもそも反省的運動は、身体についての思惟または観念としての身体しかわれわれにあたえず、身体についての経験または実在としての身体はあたえてくれないものである。　　　　　　　　　　（PP1, 1967, p.325）

　「わたし」は「一つの既得物を身につけており」というのは、自身が直截にしている世界経験に言及しています。そして、「わたし」の身体はその経験の直截の主体としてその世界経験の暫定的スケッチとして在るとして、「私とは私の身体である」とメルロ＝ポンティは論じています。メルロ＝ポンティによると、そうした自己の身体は「対象〔客体〕を主観〔主体〕から、主観〔主体〕を対象〔客体〕から切り離す反省的運動とは対立するもの」であって、反省的運動は「身体についての思惟または観念としての身体しかわれわれにあたえ」てくれません。このように、メルロ＝ポンティは、反省的な科学的目線を拒否して、身体性に基づいて主客合一的に存在を捉える道を拓こうとしています。

【例解】 世界内存在による世界経験と言語的所作

　ここまでの議論を実感していただくために、世界内存在による世界経験と言語的所作をめぐる一つの例を提示したいと思います。ただし、ここでは言語的所作といっても、当事者の内的な言葉、つまり内的な言語的所作となります。

　以下の例は、筆者自身が当事者である経験を紹介するもので、当事者の内的な言葉をできるかぎり忠実に再現しました。そうは言っても、内的な言葉は浮かんでは他の言葉に遮られ、その言葉もまた次の言葉に遮られるという性質のものなので、どれほど忠実に再現できているかは定かではありません。

　この例を提示する趣旨は、主に以下の点を示すことです。

　a．当事者は実存を全体性として経験していること
　b．環境の要因で実存の全体性に重要な変化を及ぼすことがあった場合は、
　　　その変化は多かれ少なかれ内的な言葉として現れること
　c．内的な言葉はしばしば内的な対話を引き起こすこと
　d．当事者の経験は、一つの相から他の相へ、一つの領界から他の領界へ、
　　　自在に移行すること
　e．異なる相の内的な言葉は重複して生じることがあること

　あらかじめこの資料の言葉遣いについて若干説明をしておきます。内的な言葉は、ヴィゴツキーが言うように心理的述語（ヴィゴツキー, 2001, p.376）というつづめられた言葉となります。また、その言葉遣いは最も親しい人に話すときの言葉遣いになりますので、この当事者の場合は発話末等が当事者が生まれ育ち暮らしている地域的な表現法となっています。

2021年5月29日（金）6:15am頃　犬（名前はワカ）の散歩　記録開始：6:30am頃

　　注）小さい文字は、内的ことばとしても不明瞭だったことを示す。「...」は、内的ことばは経験されなかったが、思考があったことを示す。

0.

1. おー！

2. ピーマン、んまそう、...ピーマン炒めてる、

3. 朝（ごはん）から!?

4a. ₍ₐや、ₒべんと？

4b. ₍ちの煮びたし、また（食べたい）...。

5. 夏は、やっぱ、₍煮びたし（ここは、イメージのようでもあるし言葉のようでもある）、だよなあ。

6. んん！

7. ₍れって実存的経験？　実存的経験。

8. ......「おー」の前までは、₍なまの身体の経験、「おー」が、こう（頭の中で、境界を越えるイメージ）、......（引き続き、あれこれ考えているが、自覚しての記録はできず）

9. あれ？　オレ、何考えてるの？

10. おー！　これ、（今書いてる本に）書いたらええやん。

11. ₍最初に空気の変化やろ、「おー」やろ、「ピーマン炒め」やろ、そいで、「朝ごはん？　お弁当？」やろ。そいで、それは生（なま）の経験。で、それは実存的経験で、「んん！」のところで反省的思考が始まって「実存的経験？」になった。

12. おー!!　これおもろい。いけるなあ、帰ってすぐ書こ。

13. あれ！　今、オレの意識、環境から遊離してたなー。

14. （あれこれの思索が続く。）

15. はい、ワカ、階段、アップ！

わたしたちはいわば実存のベースラインとしてわたしたちの周りの物理的な環境と関連した事実性を経験しています。上の0では、この当事者は五感を通して周りにある朝の環境（朝のややひんやりした空気、肌に心地よいわずかな風、朝の陽の光、木々の香りなど）を全体としての清々しい事実性として経験しながら散歩を続けています。この事実性を当事者は、0から15までを通してベースラインとして経験しています。

　そうしたところに、1で環境に大きな変化が起こります。これまでの空気とは異質な強い匂いです。そして、環境の全体性の中にその「異常」を認めた当事者において実存の変化が起こります。その移行が「おー！」によって示されて、「朝の清々しい世界と炒めているピーマン」という新たな経験世界に入ります。それが2です。「んまそう」も「ピーマン炒めてる」も当事者における直接的な世界経験となります。

　次の3では、たった今自身の身体が経験した、全体性の中で卓立している事態について考える相に入ります。それが、3と4aです。この2者は対話的な関係になっています。

　4aと4bは重複しています。そして、4aは起こった事態について考える相で、4bは2の「んまそう」の延長で事態をめぐる情緒的な反応の相となっています。つまり、異なる2つの相の経験に関連する内的な言葉が同時に現れているのです。

　5は、4bの延長と見ていいでしょう。興味深いのは、この5のときにこの当事者において、「いい！」というようなジェスチャーをするように今まで広げていた手をわずかに握って少し親指を上げるような所作が生じたことです。おそらく、3では驚いたようにやや目を見開くこと、4aではもう少し納得したかのようなわずかなうなずきとそれに続く少し首をかしげる所作などが伴っただろうと想像されますが、それは自覚がありませんでした。

　この後、この当事者の経験世界は、これまでの周りの環境と関わる経験世界とはまったく異なる領界に入ります。その移行点が6の「んん！」で、7と8は思考の領界での経験となります。この間も犬の散歩は続いているし、朝の

清々しい環境を経験しているのですが、その部分の世界経験は7と8の思考経験に覆われて、大部分が意識下に沈んでいます。

　やがてこの当事者は今まで思考活動に囚われていた自分自身に一旦気づきます。それが9で、「あれ？　オレ、何考えてるの？」で示されています。しかし、すぐに、再度7や8と同じ思考活動の領界に戻り、「これ、（今書いてる本に）書いたらええやん」（10）となります。そして、その領界でそこでの思考を展開する相に入ります。それが、11です。

　11の間は、7や8のときと同じように、当事者の意識は思考活動に支配されます。12は思考活動の領界でのことですが、この当事者はたった今生じて経験した自身の意識＝思考（11）を評価して行動を提案する相に立っています。

　次の13は、直前の「わたし」における経験＝意識の活動（7と8や10から12）が犬の散歩中であるわたしの直接的な世界経験（13では「環境」と言っている）から「遊離」していたとの、犬の散歩中である「わたし」（13の「オレ」）による気づきで、それ自体も意識の動きとしてこのように内的な言葉として現れています。

　その後、当事者は、「遊離」を許して、14のように思考の領界での意識の活動を解放しますが、その内容は交錯していて再生も記録も不可能です。

　やがて、この当事者はいつもそれを上ってうちに帰る階段に近づきます。そして、犬と階段の距離を見計らって、15のように明瞭な内的な言葉を「内的に発し」ます。これで、言ってみれば、冒頭の0の世界に戻ったことになります。

　言うまでもありませんが、7と8や10から12や14のように意識が思考の領界で活動しているときでも、散歩は続いています。当事者は、ピーマンの匂いが去った後は、朝の清々しい事実性を現在の世界での実存のベースラインとして再度ずっと底流で経験し続けていますし、緩やかに右にカーブする歩道の上を左側にある道路に適宜目を遣りつつ進路調整をしながら犬と歩くことを続けています。そして、そうした事実性は、意識が思考の領界で活動している間は、大部分が意識下に沈んでいます。しかし、決してそうした事実性が経験さ

れていないわけではありません。

　経験の領界が思考活動の領界に移っているときは、前方ではなく中空を眺めていました。また、細かい具体的な身体的所作の自覚とその記憶はありませんが、思考活動中は思考と連動してわずかに身体が動いていた自覚と記憶があります。おそらく、思考の断片ごとにそれに相応するわずかな首の動きや手の動きや、口をわずかに開けたりしっかり閉じたり少し口をとがらせたりなどの動きがあったのだろうと推測されます。そして15では、はっきりと目線は前方に向き直って、「わたし」は直接的な経験の世界に立ち返ります。そして、犬といっしょに階段の第一段目に足を運ぶことができました。

　この内的な言葉と身体の所作と各々の世界経験の自覚は、まさに実存的な経験が世界経験と言語的所作とそれを含む身体の所作が連動して生じることを教えてくれるものでした。そして、わたしは、昨日までの「わたし」の延長として、「いつもと同じ」今日－今－ここ－わたしの町で、こうした一連の経験をしたのでした。

第3章

呼応するメルロ＝ポンティとソシュール

イントロダクション

　前章で論じた『知覚の現象学』の第1部第6章では、同書の参考文献には挙げられていませんが、ソシュールの言語論に触れていると見られる箇所が1箇所あります。以下の部分です。

　　有名な一つの区別をここに適用して言えば、言語（langage）、つまり構成された語彙ならびに統辞の体系、経験的に存在している〈表現手段〉は、言葉（parole）の行為の寄託物であり沈殿物であって、この行為のなかでこそ、まだ定式化されていない意味が外部に表現される手段を見いだすだけでなく、またさらに対自的な存在ともなるのであり、真に意味として創造されるのである、とでも言えるだろう。あるいはまた、語る言葉（parole parlante）と語られた言葉（parole parlée）という区別を立てることもできるかもしれない。　　　　　　　　　　　　　　　　（PP1, 1967, p.321）

　同書の訳者が注釈で指摘し、木田（1984）も言うように、この部分の「言語（langage）」はむしろソシュールの言うラング（langue）にあたるでしょう。そして、メルロ＝ポンティはその章で、ラングとパロール（parole）について、『一般言語学講義』（以下『講義』と略記する）[1] によって当時普及していたソ

1　本章で論じるように、このバイイとセシュエ編の『一般言語学講義』（邦訳は小林訳）は、その後のソシュール研究でしばしば批判の対象となっています。

シュールの言語観からすると特異な見方を提示しています。しかし、後の丸山圭三郎による精緻な研究（丸山, 1981; 1983）でソシュールの本来の思想が姿を現したことで、メルロ＝ポンティの言語観は実は本来のソシュールの言語観と重なっていることが明らかになっています。いずれにせよ、『知覚の現象学』でメルロ＝ポンティがソシュールの言語論に触れていると見られるのはこの部分だけです。メルロ＝ポンティが本格的にソシュールと対峙するのは第4章で論じる中期においてです。

　本章では、ラングとパロールの二項問題を含む、『講義』でのソシュールの言語論における3つの対概念と記号の恣意性という4つのテーマをまず確認します。そうした上で、それらの考え方が実は真のソシュールの考え方ではなかったことを指摘して、それらのテーマについて丸山（1981; 1983）が描く真のソシュールの考えを明らかにしていきます。そして、上の引用でのメルロ＝ポンティの主張を整理して提示し、その主張が真のソシュールの思想とおおむね重なることを指摘します。さらに、最後に、メルロ＝ポンティの関心とソシュールの関心の相違点についても言及します。

　ここで丸山のソシュール研究について少し話しておきます。丸山は、ソシュールの真の思想と『講義』でのソシュールとは「単に文言の言いかえなどというレヴェルの問題では最早なく、思想自体のレヴェルにおける根底的相違」（丸山, 1983, p.56）があると言います。丸山は、『講義』出版のかなり後年になって発見されて参照可能になった膨大な資料を精緻に検討して、3回にわたって実施されたソシュールの一般言語学講義を詳細にたどり、そこに立ち現れるソシュールの真の思想を復元しています（丸山, 1981; 1983）[2]。『講義』によって「近代言語学の父」とまで呼ばれるようになったソシュールが、後の詳細な研究によって重要な部分で『講義』でのソシュールは真のソシュールではないと否定されることになってしまったのは何とも皮肉なことです。しかし、逆に見れば、20世紀初頭に提示されたソシュールの思想がそれほど深淵で理

2　ソシュールの一般言語学講義の内容を解明するまとまった資料として丸山は、ゴデルの『一般言語学講義原資料』（1957年）とエングラーの『一般言語学講義校訂版』（1967-1974年）を挙げています。本章で検討する部分については、丸山は主にエングラーのものを資料として使用しています。

解が困難だったとも言えるでしょう。

1. 『講義』におけるソシュール──3つの対概念と記号の恣意性

1-1　ラングとパロール

　ソシュールの有名なラングとパロールの二項が論じられているのは『講義』の序説第3章の「言語学の対象」です。邦訳では、p.23からp.31までです。

　ソシュールは「言語学の十全で同時に具体的な対象は何か」という問題提起からこの章を説き起こします。そして、言語学の対象措定の困難を一通り論じた上で、ソシュールは啓示を得たように以下のように宣言するのです。

> 　われわれの見るところ、すべてこのような難問にたいする解決策は、一つしかない。なにをさしおいてもまず言語（langue、筆者注）の土地の上に腰をすえ、これをもって言語活動の他のいっさいの現われの規範とすべきである。じじつ、かくもおおくの二面性のうちにあって、言語のみは自律的定義をうけられそうであり、精神にたいして満足な支柱を供するのである。
> (『講義』p.21)

　そして、ソシュールは言語（langue）の概要を一気に説明します。以降では、議論をわかりやすくするために邦訳引用中でも、原典で"langage"の部分は**ランガージュ**と、"langue"の部分は**ラング**と、そして"parole"の部分は**パロール**とします。

> 　われわれにしたがえば、それ（ラング、筆者注）はランガージュとは別物である。それはこれの一定部分にすぎない、ただし本質的ではあるが。それは言語能力の社会的所産であり、同時にこの能力の行使を個人に許すべく社会全体の採用した必要な制約の総体である。ランガージュは、ぜんたいとして見れば、多様であり混質的である。いくつもの領域にまたがり、同時に物理的、生理的、かつ心的であり、なおまた個人的領域にも社

会的領域にもぞくする。それは人間的事象のどの部類にも収めることができない、その単位を引きだすすべを知らぬからである。これに反して、ラングはそれじしん全一体であり、分類原理である。言語活動事実のなかでそれに首位を与えさえすれば、ほかに分類のしようもない総体のうちに、本然の秩序を引き入れることになるのである。　　　　　　（『講義』p.21）

　このようにラングの輪郭を描いた上で、ランガージュやパロールと対比したラングの特質のまとめとしてソシュールは次の4点を挙げています。以下では、ソシュールのまとめを筆者がさらに要約しています[3]。

1. ラングは、はっきり定義された対象である。その所在は、聴覚映像が概念と連合する場所に求めることができる。ラングは、ランガージュの社会的部分であり、個人の外にある部分である。それは、共同体の成員の間に取り交わされた一種の契約の力によって初めて存在する。個人は、それを作り出すことも変更することもできない。また、その働きを知る為には、個人は学習しなければならない。
2. ラングは、具体的個別的な言葉の行使であるパロールと切り離して研究することができる。
3. ラングは、記号の体系である。記号の本質的な姿は、意味と聴覚映像の融合である。
4. ラングあるいはその要素である言語記号は、抽象的なものではなく、聴覚映像（音韻の複合）という具体的な性質を有する対象である。書き言葉はそれを手に触れることができる形にしたものである。このようにラングを具象化できるからこそ、ラングの忠実な代表として辞書と文法（書）が存在することができるのである。

（『講義』pp.27-28の筆者による要約）

3　本章の2で論じるように、真のソシュールが考えていたランガージュとは、言語を用いる人が備えているシンボル化能力あるいはシンボル的機能です。しかし、『講義』のこのあたりの議論では、そもそもランガージュとは何なのかは十分に論じられていません。当面の議論の範囲内では、関心を向けている言語現象や言語活動を緩やかに指していると見ておくほかありません。

『講義』のこの部分のロジックを端的に示すと以下のようになります。

(1) パロールとは、具体的な言語の行為のことである。
(2) ラングは、ランガージュから抽出され得る社会的な部分で、それは明確に定義された本質的なもので、言語ユーザーは、ラングを参照しながら言語活動に従事してパロールを行使する。
(3) 言語学の十全で具体的な対象として採り上げるべきはラングである。

　実際のところ、『講義』の最後の結論の一文はまさに (3) と同趣旨のものになっています[4]。

1-2　シニフィアンとシニフィエ

　ソシュールの2つ目の対概念は、言語記号をめぐって提示されたシニフィアン（能記）とシニフィエ（所記）です。『講義』での議論の一部を示します。

　　言語記号が結ぶのは、ものと名前ではなくて、概念と聴覚映像である。後者は、じゅんすいに物理的である資料的音声ではなくて、そうした音声の心的刻印であり、われわれの感覚によって証拠だてられるそれの表象である。それは感覚的である：たまたまこれを「資料的」と称するとしても、それはこの意味においてにほかならず、連合のもう一つの辞項である・ふつうはいっそう抽象的な概念に対立するものである。…言語記号というは、それゆえ、二面を有する心的実在体であって、図示すれば：…

（『講義』p.96）

このように論じてソシュールは図1を提示しています。
　そして、「概念と聴覚映像の結合を記号（signe）とよぶ」としていますが、

4　丸山は、その一文「言語学の独自・真正の対象は、それじたいとしての・それじたいのための言語（ラング、筆者注）である」（『講義』p.327）はソシュール自身の言葉ではなく、『講義』の編集者であるバイイとセシュエの創作であることがゴデルの研究によってすでに明らかになっていると指摘しています（丸山, 1981, p.279）。

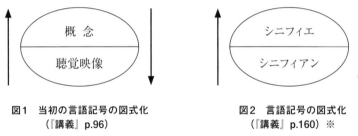

図1　当初の言語記号の図式化　　　　　図2　言語記号の図式化
　　　（『講義』p.96）　　　　　　　　　　　（『講義』p.160）※
　　　※『講義』の図では上が「所記」で、下が「能記」となっているが、
　　　　各々「シニフィエ」、「シニフィアン」とした。

一般の慣用では記号は聴覚映像のことと見られる傾向があるので、聴覚映像を**シニフィアン**（signifiant、能記）と、そして概念を**シニフィエ**（signfié、所記）と言い替えることを提唱します（『講義』p.97）。その結果、図2のように、**記号**（signe）とはシニフィアンとシニフィエの結合だということになります。

　このように『講義』で提示された、ランガージュから社会的で本質的な部分として抽出されたラングと、シニフィアンとシニフィエの結合としての言語記号観が、その後の言語学を基礎づける礎となるのです。

　1920年代の終わりに出版された本（バフチン, 1980、原典出版は1929年）の中でバフチンは、『講義』におけるソシュールのこのような見解を抽象的客観主義の基本理念のすべてに驚くべきほど明晰な表現を与えていると評しています。ここから、こうしたソシュールの見解は20年代には広く一般に普及していたことがわかります。

1-3　共時言語学と通時言語学

　上のようにラングを措定した上でソシュールは、言語の研究を明確に区別される2つの分野に分けます。それが、共時言語学と通時言語学です。**共時言語学**とは、現在あるいは特定の時代において特定の言語集団で行われている言語現象に関心をおくもので、わかりやすく言うと、上で論じたラングを解明しようという研究です。一方の**通時言語学**は長い時間の中での言語の変化に関心をおく研究で、言語の歴史的な変化を主に研究します。通時言語学は、もともとは言語間の歴史的な枝分かれ関係を明らかにする比較言語学のことを言いまし

た。

　共時言語学と通時言語学に関係して、言語の共時態と通時態という用語もしばしば使われます。通時態というのは歴史的な変遷の観点から見た言語の様態で、共時態とはそうした歴史的な観点に立つことなくただ現在あるいは特定の時代の現象として見た場合の言語の様態です。

1-4　言語記号の恣意性

　『講義』におけるソシュールの見解としてよく知られていることがもう一つあります。それは、言語記号の恣意性[5]です。恣意性についての『講義』での議論の冒頭部を紹介します。

> 　　能記を所記に結びつける紐帯は、恣意的である、いいかえれば、記号とは、能記と所記との連合から生じた全体を意味する以上、われわれはいっそうかんたんにいうことができる：言語記号は恣意的である。
>
> （『講義』p.98）

　例えば、ワンワンと吠える動物の概念に対応するシニフィアンは、日本語では「イヌ」、英語では「dog」、そしてフランス語では「chien」ですが、いずれの場合もシニフィアン（各々の聴覚映像）とシニフィエ（犬の概念）の間には自然的な結びつきや必然的な結びつきがあるわけではありません。シニフィアンとシニフィエの結合はただ約束事として結ばれているだけです。これが**言語記号の恣意性**ということです。

　真のソシュールにおいては、言語記号の恣意性に関わってもっと本質的な部分が看取されていました。しかし、『講義』のテクストではそれについて十分に議論し得ているとは言えません。2と3では、そうした事情についての丸山の研究を紹介することからスタートして、丸山が明らかにした真のソシュール

5　『講義』でも、また一般のソシュールの記号論についての議論でも、この部分は単に「記号の恣意性」とされることがよくあります。以降の議論は、言語記号に関心を向けたものですので、本書では「言語記号の恣意性」としました。こうした議論が記号一般に当てはまるのかどうかは、どこまでを記号として見るかによるでしょう。

の思想を見ていきます。

2. 価値形相論

2-1 価値形相論

　『講義』におけるソシュールの言語記号の恣意性の見解に対し、本章冒頭の引用から示唆されるようにメルロ＝ポンティは言語をめぐって**価値形相論**を思い描いていたと見られます。『知覚の現象学』出版の数年後に行われたソルボンヌ講義での次の言葉がその証左となるでしょう。

> 　　言語活動について論ずるとき、われわれは言語の「意味」というよりはむしろ、無数のものと交換されうる貨幣の価値と言うのと同じ意味で、言語の《価値》と言わねばならなくなります。同じ貨幣に多くの使い方があるように、語にも多義性があるのです。　　　　　　　　(MS, 1993, p.118)

　ここに言う価値形相論は、マルクスの価値形態論と対比することができます。言語をめぐる価値形相論と対比することにのみ焦点化して価値形態論をごく概略的に説明すると以下のようになります[6]。

　わたしたちの生活活動にはそれを支えるさまざまな物とサービスが関わっています。そうした物やサービスを食べたり（食料品）、使ったり（調理器具や日用品などから自転車や自家用車などまで）、利用したり（電車やバスなどの公共交通やスマートフォンやインターネットなどのネットサービスから住宅ローンや保険まで）して、わたしたちは日々の暮らしや社会・経済生活を営んでいます。そして、そうしたものを入手するときに、わたしたちはお金を払います。お金つまり貨幣というのは、質的に異なる価値を有するさまざまな物やサービスについて価値の質的な相違を超えた一般的な価値等価物という役割を果たしてい

6　マルクスの論は一般的に価値形態論と呼ばれています。一方、以下で論じる丸山（1981; 1983）では、同じものを価値形相論と呼んでいます。本書では、両者の用語をそのまま使用することとします。

す。貨幣は仮想的な一般的価値の印として物やサービスの交換の際に利用されているわけです。

　言葉も貨幣と同じような本質的性質をもっています。貨幣がただの紙切れ（紙幣）や一片の金属（硬貨）にすぎないのと同じように、言葉も音声にすぎません。しかし、貨幣が一定の価値を担うものとして流通してわたしたちの生きる世界の一部になっているのと同じように、言葉も一定の価値を担って流通してわたしたちの生きる世界の一部になっています。ただし、貨幣の場合はその価値を一元的な尺度で示すのに対し、言葉の場合はその価値は意味となり、それぞれの言葉はそれぞれの意味的な色彩を帯びることとなります。

　このように、貨幣と言葉は社会的に約束された価値を担うという点で同じ性質を有しており、いずれもそれを用いて価値や意味を付与し続ける人々の実践によって支えられているという点で本質的な共通性をもっています。本章冒頭の引用及び上の引用からメルロ＝ポンティは言語をそのように見ていたものと理解できます。そして、ソシュールもそのような価値形相論を思い描いていたことが丸山の研究によって明らかになっています。

2-2　ソシュールによる言語をめぐる価値形相論

　ソシュールの価値形相論をめぐって丸山が問題にしている箇所は、『講義』の第Ⅱ編第4章冒頭のp.157からp.158です。ソシュールによる言語をめぐる価値形相論が提示されるはずの『講義』のこの2ページのテクストは、丸山の指摘によると、十分にその論旨を尽くしていません。そこで丸山は、エングラー編の『一般言語学講義校訂版』で対照されている学生たちのノートと照らし合わせながら、講義でのソシュールの真意をあぶり出しています。

　丸山は、同部分の最初のパラグラフだけは『講義』の記述と原資料とではほぼ同じ言葉が使われていると言います。『講義』でのその最初のパラグラフは以下の通りです。

　　心理的にいうと、われわれの思想は、語によるその表現を無視するときは、無定型の不分明なかたまりにすぎない。記号の助けがなくては、われわれは二つの観念を明瞭に、いつもおなじに区別できそうもないことは、

哲学者も言語学者もつねに一致して認めてきた。思想は、それだけ取ってみると、星雲のようなものであって、そのなかでは必然的に区切られているものは一つもない。予定観念などというものはなく、言語があらわれないうちは、なに一つ分明なものはない。　　　　　　　　（『講義』p.157）

　ただし、この部分について丸山は、学生のノート[7]に基づいて補足をしています。以下の通りです。

　　次のようなものは存在しない。
　(a) 他の諸概念に対して、あらかじめ出来上がっていて、全く別物であるような観念。
　(b) このような観念に対応する記号。
　　そうではなくて、言語記号が登場する以前の思考には、何一つとして明瞭に識別されるものはない。それが重要な点である。

　　　　　　　　　　　　　　　　　　　　　　　　（丸山, 1983, p.41）

　先に示したパラグラフに続く第2パラグラフ以降は、丸山が提示している学生たちのノートに基づいてその内容をたどっていきたいと思います。第2パラグラフは次のようになっています。

　　一方、この全く混沌とした領域に対面する音の領域が、あらかじめ明瞭に識別できる観念や単位を提供しているかどうか問うてみることも無意味なことではあるまい。音の領域においてもまた、あらかじめ区切られた、はっきりと識別できる単位は存在しないのである。一連の音が、それ自体において一つの鋳型であるというのは偽りである。これもまた、それ自体においては思考と同じように混沌たる物質なのだ。　（丸山, 1983, pp.40-41）

7　丸山によると、エングラー編の『一般言語学講義校訂版』では、コンスタンタン、リードランジェ、デガリエ、パトワ、カイユなどソシュールの講義を受講した学生たちのノートが『講義』のテクストと対照して提示されているそうです。丸山はその論述で資料元のノートの学生名を随時出していますが、本書ではここのように個々の学生の名前は出さず単に「学生（のノート）」とします。

続く第3パラグラフは長くなりますので、重要となる前半部分のみ挙げます[8]。

　　ランガージュが思考に対してもつ特有の役割というものは、その音的、または物質的手段となることではなく、思考と音の仲介的場を創ることであって、その結果〔未分節の〕思考と音は否応なしに個別の単位を形成する。もともとはカオス的性格をもつ思考は、それがランガージュによって単位へと分解され、配分されるが故に、明確なものとならざるを得ないわけである。次のようなことははっきりと否定せねばならない。つまり、有用な音素である音によって、思考が物質化されるなどと考えてはならない。これは、思考＝音なる存在が生み出す分割こそ言語学の究極的単位であるという、一種、神秘的な事象なのである。音と思考は、これらの単位によってしか結びつくことはできない。　　　　　　　　（丸山, 1983, pp.43-44）

　そして、4行の第4パラグラフに続く第5パラグラフは次の通りです。

　　この対応関係は、以下のような譬えによって表すことができよう。一枚の紙の裏にはさみを入れずに表を切ることはできないのだ。この思考に対するシーニュの関係こそシーニュ自体なのであって、シーニュというものは一連の音節などではなく、それらの音節が一定の意味を担うかぎりにおいて構成される二重の存在である。シーニュは二重である。図示すれば$\frac{意味}{音節}$となり、ここに記号学の最も困難な点がある。この側面は、先に指摘した、問題へのアプローチの仕方そのものによって見逃されてしまっていた。両者の一方の項は、抽象によってしか取り出せない。これらの分節、これらの単位の外でなされるものは、純粋心理学（思考）か、あるいは音声学（音）となってしまう。この二項の結合はひとつの形相（フォルム）を生み出すのである。　　　　　　　　　　　　　　　　　　　　（丸山, 1983, p.49）

8　対応する部分が相原・秋津訳（2006）のp.48にあります。両者は同じ原文の訳だと思われます。

以下で、この部分全体の趣旨を箇条書きで整理したいと思います。

(1) 言語が登場する以前には、明瞭に識別される思考や概念はない。その一方で、音の領域でも、言語登場以前には明瞭に識別できる音声の単位はない。

(2) ランガージュが思考に対してもつ特有の役割は、その音的（または物質的）手段となることではなく、思考と音の仲介的場をつくることである。その結果〔未分節の〕思考と音は個別の単位を形成する。元来カオス的性格をもつ思考はランガージュによって単位へと分解され配分されるがゆえに、明確なものとなる。つまり、思考と音という二項の結合が一つの形相を生み出すのである。

(3) ランガージュという現象において思考＝音という存在が生み出す分割、あるいは思考と音が生み出す形相は、神秘的な事象である。

(4) 記号は一連の音節などではなく、音節が一定の意味を担うかぎりにおいて構成される二重の存在である。

(5) この $\frac{意味}{音節}$ という記号の二重性が記号学の最大の困難点である。そして、その側面は、これまで言語現象へのアプローチの仕方そのものによって見逃されてしまっていた。

このように丸山の研究で、ソシュールが言語をめぐって価値形相論を思い描いていたことが明らかになっています。そして、価値形相論では、1-4で論じたように画定されたシニフィエとの関係でシニフィアンが恣意的に付与されたのではなく、言語においてはそもそも**音と思考がいずれもあらかじめ画定されていないところから特定の音と思考の単位が形成された**と見ます。これが、真のソシュールが見ていた、『講義』で論じられている恣意性よりももっと本質的な言語の基本的な性質です。丸山はこの部分の議論を以下のように結んでいます。

　　ソシュールにとっての言語（ラング）というのは、ランガージュというシンボル的能力ないし言語活動によって創られた〈構成された構造〉のことであり、

70

この2つの概念を混同してはなりません。 （丸山, 1983, p.44）

つまり、ランガージュは人間特有の**シンボル的能力**あるいは**シンボル的機能**であり、ラングはランガージュによってつくられた「構成された構造」だということです[9]。

次節では、丸山による真のソシュールにおけるラングの議論をさらに見ていきます。

3. 構成された構造と構成する構造

3-1 構成された構造と構成する構造との力動的一元論

言語記号をこのように価値形相と見ると、ラングとパロールの関係についてもそれまでとは異なった見方をしなければならなくなります。ところが、『講義』では同テーマの議論が「ラングのなかにはいるものは、一としてパロールのなかで試みられなかったものはない；そして進化現象はすべてその根源を個人の区域のうちにもつ」（『講義』p.235）というわずか2文ですまされていると丸山は指摘しています。そして、その部分は実際の講義では以下のようになっているとして一学生のノートを紹介しています。

　　人が語るためには、ラングの宝庫が常に必要であるというのも事実であるが、それとは逆に、ラングに入るものはすべてまずパロールにおいて何回も試みられ、その結果、持続可能な刻印を生み出すまでくりかえされたものである。ラングとはパロールによって喚起されたものの容認に過ぎない。今ここで問題となったラングとパロールのこの対立は、それがランガージュの研究に投げかける照明の故に非常に重要である。この対立を特にはっきりと感じさせ観察可能にさせる一つの手段は、ラングとパロールを個人の中で対立させてみることである。…ディスクールの要請によっ

---

9 こうした議論は、ソシュールにおける文化記号論一般の議論へ展開していきます。丸山（1983）は、そのような事情を包括的にたどる研究となっています。

て口にされるすべてのもの、そして個別の操作によって表現されるものは
すべてパ・ロ・ー・ル・である。個人の頭脳に含まれるすべて、耳に入り自らも実
践した形態とその意味の寄託、これがラ・ン・グ・である。この2つの領域のう
ち、パロールの領域はより社会的であり、もう一方はより完全に個人的な
ものである。ラングは個人の貯蔵庫である。ラングに入るものは、換言す
れば頭に入るものはすべて、個人的なのである。

（丸山, 1983, pp.88-89、相原・秋津, 2008ではpp.150-151）

この部分も箇条書きで整理してみます。

(1) 人が話すためには、豊かなラングの蓄積が必要である。

(2) 一方で、ラングとして蓄積されているものは、実際のさまざまな**言語活動実践**で行使されたパロールの沈殿である。

(3) そうした事情は、ラングとパロールを個人の中で対立させてみると明らかになる。

　(a) 言語活動従事（上の引用では、ディスクール）の要請によって話されるものや表現されるものはすべてパロールである。

　(b) 個人の中にパロールの実践のために利用できるリソースとしてラングがあり、それは実際の言語活動実践で耳に入り自らも実践した形態とその意味の沈殿である。

　(c) このように見ると、パロールは、実際の発話の行為によって言語活動の実践に参与するところから社会的だと見ることができる。一方で、ラングはパロールに従事する当事者においてそれまでの言語活動実践の経験を通して沈殿し蓄積されているものなので、それは個人的なものである。

この論でいくと、ラングとパロールの間で以下のような循環が生じることになります。

ⅰ．ラングは、一般的に考えると、つまり当該の言語集団全体として考える

と、その集団のメンバーたちによって行われた過去のさまざまな**言語活動実践に関与したパロールの沈殿の蓄積**である。

ⅱ．一方で、言語集団の各メンバーは、自身のそれまでの言語活動従事の経験を通して**その人独自にラングを蓄積していて、それに依拠してパロールの実践に従事する。**

ⅲ．言語集団のメンバーたちによってそのように生成されて発出される（そして相応に受け取られ応答される）**パロールは、言語集団の豊かなラングの蓄積に、再度堆積されて沈殿して編入される。**

このような認識の上で、丸山は、ラングを**構成された構造**、パロールを**構成する構造**と呼んでそれらを特徴づけ、そのラングとパロールを要因とする上のような循環の運動を「共時的視点から見た静態的体系と、通時的に捉えた『偶発事としての出来事の体系への組みこみ』でもあるのであって」、「コトバは差異の体系であると同時に互いに差異化しあい自己を組織化している〈動くゲシュタルト〉にほかならない」（丸山, 1983, p.273）と言っています。そして、上の引用部で表明されているソシュールの見解を以下のようにまとめています。

> コトバはラングであると同時にパロールであり、制度としての構造であると同時に歴史であると言えるのであろう。ソシュールのとった立場は、二項対立の弁証法を包み込んだ、〈力動的一元論〉なのである。
>
> （丸山, 1983, pp.273-274）

3-2　ラングとパロールの2つの次元と記号学

丸山によると、ソシュールは社会学的でもなく、歴史学的でもない記号論を構想していたと言います。上の議論を再度整理しながらという形になりますが、そうした構想に至る議論をたどってみましょう。

丸山によると、上のソシュールの議論には2つの次元の話があります。第一の次元は、以下のようになります。

> 第一の次元は《構成された構造》と《構成する構造＝主体》が関係し合

う共時的な言語現実の地平にほかならない。そこでは一言語共同体に属する個人が好むと好まざるとにかかわらずくりこまれてしまう既成の構造としてのラングがあり、一切の生体験がそのラングのシェマによって分節され、その表出が条件づけられる。この《構成された構造》のなかでは、個人はおろか大衆自身といえどもあるがままのラングに縛りつけられている。

（丸山, 1981, pp.277-278）

　つまり、第一の次元は、語彙と統辞の体系ということではないながらも「既成の構造」としてのラング、つまり構成された構造としてのラングと、そのラングのシェマによって分節され条件づけられる表出つまりパロールという次元です。
　そして、第二の次元は、以下のようなものです。

　　　ラング、パロールの二つの領域のうち、「パロールの方はより社会的である」。いかにそれが個人的な意志から発するにせよ、パロールはディスクールという実践を通して社会性を獲得し、言語場をも含めた現実の中で社会関係を構成するのである。

（丸山, 1981, p.280）

　つまり、第二の次元は、構成された構造＝ラングに依拠しながらも、構成する構造＝パロールが実際のディスコースの実践を通して具体的で個別的な社会関係を構成するという次元です。
　ソシュールがめざした記号学についての詳細な議論は割愛しますが、第一の次元にのみ注目すると、いわばデュルケーム流の個人の外にある社会的事実を記述する社会学に接近し、第二の次元を強調すると言語現象の研究は歴史学に傾きます。そして、ソシュールがめざした記号学は、価値形相としての記号を軸としてその両者を架橋する新たな文化の学の構想であったと見ることができます[10]。
　ソシュールの思想は構造主義の起源として論じられますが、『講義』におけ

---

10 『文化のフェティシズム』（丸山, 1984）以降の丸山の研究は、そのような文化記号論の具体的な展開と見ることができます。

る静態的な構造のみが注目されることもしばしばありました。しかし、実際の
ソシュールは、上で述べたように、また次節で論じるように構造を「関係と関
係づくりの間に見られる弁証法」（丸山, 1983, p.89）において見ていました。丸
山は、バイイとセシュエによってソシュールは静態的な構造主義者であるかの
ように一般に広められてしまったとして、バイイとセシュエ編になる『講義』
を以下のように批判しています。

　　ソシュールの思想は長い間歪められた形で伝えられ、これまでは構造主
　義という静態的分析方法のみが強調されてきたと言ってよい。…ところ
　が、1955年以後続々と発見されたソシュールの手稿類にあたってみると
　これまで彼の理論の集大成と思われていたバイイ、セシュエの『一般言語
　学講義』こそ、実はソシュール自身が一生批判し続けた主知主義、科学・
　経験主義、アトミズム的発想によって書かれたものであり、無時間的構造
　分析、目録を仕上げてとり出す不変体から成る固定的体系を記述する閉鎖
　的構造主義の書であったことが明るみに出された。（丸山, 1983, pp.271-272）

4. メルロ＝ポンティにおける語る言葉と語られた言葉

4-1　語る言葉と語られた言葉

　ここで本章冒頭に出した引用の趣意を改めて確認したいと思います。その引
用部もひじょうに濃密に論じられているので箇条書きの形で整理します。

（1）言語は、構成された語彙と統辞の体系、あるいは、経験的に存在してい
　　る表現手段である。
（2）言語は、言葉（パロール）の行為の寄託物であり沈殿物である。
（3）言葉（パロール）の行為でこそ、まだ定式化されていない意味が外部に
　　表現される手段を見出すだけでなく、まだ定式化されていない意味はそ
　　れ自体がそれ自体である存在（対自的な存在）となり、真に意味として
　　創造される。

（4）語る言葉と語られた言葉という区別を立てることもできる。

　このように整理すると、メルロ＝ポンティの見解が、3-1で論じたソシュールの見解と符合していることがわかります。
　一方、（4）の**語る言葉**と**語られた言葉**はそのままソシュールの構成する構造と構成された構造と対応するかと思われますが、これだけでは十分に確信がもてません。そこで、本章冒頭の引用に続く部分を見てみましょう。

　　　前者の方の言葉（語る言葉、筆者注）は、意味的意図が発生状態で見いだせるような言葉である。ここでは、いかなる自然的対象によっても定義づけられないような或る一つの〈意味〉のなかで、実存が分極化作用をおこすのであり、実存がふたたび自己と合体しようとするのも〔自然的〕存在の彼岸においてであり、それゆえ実存は、己れ自身の非＝存在の経験的支えとして、言葉を創造するわけである。言葉とは、わたしたちの実存が自然的存在を超過している、その余剰部分である。

　　　　　　　　　　　　　　　　　　　　　　（PP1, 1967, pp.321-322）

　この部分でメルロ＝ポンティは「意味的意図が発生状態で見いだせるような言葉である」と言って、言葉（パロール）が発生する現場を捕捉することを試みています。まず「いかなる自然的対象によっても定義づけられないような或る一つの〈意味〉のなかで、実存が分極化作用をおこす」では、感覚器官を通して「わたし」のほうに浸透してくる環境について、自然的対象によっては定義づけることができない意味を求めて実存が分極化すると言っています。次に、その実存は、「存在の彼岸」でふたたび結びつき合っていわばそれとして一つの統一体を形づくろうとします。それが「実存がふたたび自己と合体しようとする」の事情です。そして、そのように実存は自然的存在を超えて存在しようとするので、「実存は、己れ自身の非＝存在の経験的支えとして、言葉を創造する」となります。一方で、そうして生まれた言葉は、自然のままではなく自然を転調した存在を示すことになり、「言葉とは、わたしたちの実存が自然的存在を超過している、その余剰部分である」となります。これが、メルロ

＝ポンティが思い描く語る言葉の発生の様態です。

　そして、上の引用に続いてメルロ＝ポンティは語られた言葉について言及します。以下の通りです。

　　　けれども、表現行為が言語的世界と文化的世界とを構成するのであって、表現行為は、〔自然的存在の〕彼岸へと向かっていたものを、再び存在へとつきもどす。そこから語られた言葉〔後者〕も生まれてくるのであって、これは手持ちの諸意味をあたかも既得の財産でもあるかのように享受する。

　　　　　　　　　　　　　　　　　　　　　　　　　（PP1, 1967, p.322）

　メルロ＝ポンティは、語られた言葉について「これは手持ちの諸意味をあたかも既得の財産でもあるかのように享受する」と言っています。

　ここまで見るかぎり、メルロ＝ポンティの語る言葉と語られた言葉の対比とソシュールの構成する構造と構成された構造という対比はほぼ重なるものと見られます。

4-2　ラングとパロールの弁証法的発展と真正な言葉

　そうであれば、メルロ＝ポンティの言語論とソシュールの言語論には重要な違いはないのでしょうか。上の引用のさらに、続きを見てみましょう。

　　　こうした獲得物から出発して、真正な表現にぞくする他の諸行為——作家や芸術家やあるいは哲学者の表現行為——が可能となる。

　　　　　　　　　　　　　　　　　　　　　　　　　（PP1, 1967, p.322）

　この一文はソシュールにないメルロ＝ポンティ独自の関心で、語られた言葉をリソースとして、真正な表現活動、つまりそれまでになかった意味が創造される表現活動である作家や芸術家や哲学者の表現行為が可能になると言っています。

　メルロ＝ポンティは、実際の言語の行使である言葉（パロール）を、前章の1-5で論じたように、真正な言葉と二次的な表現という2つのタイプに分けて

います。後者の**二次的な表現**とは、言葉についての言葉であって、新たな意味や思考や対象を生み出すことのない慣例的な言語活動を仲立ちする構成された言葉（PP1, 1967, p.302）です。それに対し、前者の**真正な言葉**とは、「伝統となる手前の始元的な経験を目覚めさせた作家や哲学者の言葉」と「はじめて語を話した幼児とか、はじめて自分の気持を発見した恋する人とか、『語り始めた最初の人間』の言葉」（PP1, 1967, p.295の注(2)）などを含むもので、メルロ＝ポンティはそのような言葉にかなりの関心を寄せています[11]。

　一方のソシュールは、丸山（1981, p.294）に依拠して論じると、「個人が持ち得る無限といってもよい生体験を、非直接的言語によって一体系内の有限な価値に分節する、まさにその故に、生体験と記号の間には必然的にギャップが生まれる」ことに注目していました。つまり、そうしたパロール＝構成する構造の運動はパロールの契機にある意味の総体をいずれかの構成された構造に当てはめようとする人間の主体的な営みであり、個別的な意味の総体をそのように有限な価値に分節しようとするところから、「生体験と記号の間には必然的にギャップが生まれる」というわけです。その結果、「シニフィアンとシニフィエがずれて、新しい記号の価値体系が誕生する」のだと丸山は解説しています。つまり、既成のラングの意味体系を前提としその規制の下にありつつ主体は個々の契機で表現活動を行うのであり、そこでは避けがたく主体の生の体験と記号の間にギャップが生まれるわけで、そこにソシュールは言語の創造的止揚の可能性を見ていました。ソシュールにおけるパロール＝構成する構造の視点の本来の意義はそのような弁証法的発展の図式の中にあり、メルロ＝ポンティが語られた言葉と語る言葉と真正な言葉として示唆を得たのもそのような図式からであろうと丸山は指摘しています（丸山, 1981, p.294）。

　このように見ていくと、メルロ＝ポンティと真のソシュールの関心の違いが浮かび上がってきます。まとめると以下のようになります[12]。

11　後期の『見えるものと見えないもの』（VI, 1989）では、言語のそうした側面が知覚意識を理解するためのカギとなっています。

12　ただし、実際のソシュールの思想として言うと、丸山が指摘しているように、以下の(3)で言及されている言語活動が有する創造性にもソシュールは重大な関心を寄せています（丸山, 1981, pp.167-168）。

（1）『講義』で言語学の対象として提示されている静態的なラングの見方はソシュールの真意ではない。真のソシュールは、構成された構造であるラングに依拠して行使されるパロール＝構成する言語がやがて再度ラングに編入されてそれを変革するという弁証法的発展を見ている。

（2）メルロ＝ポンティの語る言葉と語られた言葉と、ソシュールの構成する構造と構成された構造は対応するものと見てよい。

（3）ソシュールは生きることの経験（ソシュールの用語では、生体験）と記号の間のギャップから、シニフィエとシニフィアンがずれて新しい記号の価値体系が誕生することに注目している。それに対し、メルロ＝ポンティは、語られた言葉をリソースとして慣例的な言語活動が行われることを見、一方で、同じく語られた言葉をリソースとした真正な言葉の実践で新たな意味を生み出す言語活動が有する創造性に注目している。

第**4**章

ラングのランガージュへの還元と身体的志向性
── 中期メルロ＝ポンティの言語論 ──

イントロダクション

　メルロ＝ポンティの言語論の研究では、かれが本格的にソシュールと対峙して以降が中期とされます。その中期の言語論についてわれわれは主に以下の文献で知ることができます。当該の講義が行われた年あるいは論文執筆年の順で以下のようになります。（　　）内の年が、講義が行われた年あるいは執筆年です。

1. 「意識と言語の獲得」（1949-50年、ソルボンヌでの講義、『意識と言語の獲得』のpp.1-126）
2. 「言語の現象学について」（1951年、『シーニュ1』のpp.131-155）
3. 「間接的言語と沈黙の声」（1952年、『シーニュ1』のpp.57-129）
4. 「『シーニュ』の序」（1960年、『シーニュ1』のpp.1-55）
5. 『世界の散文』（1951-52年頃）

本書では、邦訳の出版年に基づいて、2から4は「S1, 1969」とし、1と5は各々「MS, 1993」、「PM, 1979」として、出典を示しています。
　メルロ＝ポンティは、上の1の文献の最後に近いところで、ソシュールの言語論でかれが注目する重要な成果を概略的に論じています。それを要約すると以下のようになります。

(1) ラングは本質的に弁別的である。

　　ラングは本質的に弁別的である。語は一つの意味を担うというより、その言語体系の他の語から距離をとるものである。すると、個々の言語現象は、コミュニケーションという総体的な運動の差異化となる。ラングにおいては、すべてが否定的で、肯定的な項のない差異しかない。意味される側は概念の差異に帰着し、意味する側は音声の差異に帰着する。

(2) ランガージュについて論じるときはラングの「意味」よりもむしろラングの「価値」と言わなければならない。

　　ラングの「意味」は、無数の物と交換される貨幣の価値と言うのと同じ意味で、ラングの「価値」と言わなければならない。同じ貨幣に多くの使い方があるように、語にも多義性がある。

(3) このように理解されたラングは文化の一局面である。

　　ラングが慣習的（conventionnel）だと言うのは、ラングが自然的なものではなく、人間が創造し維持している文化的なものだと言うのと同じことである。

(4) 以下の点で、ソシュールの試みは二重になっている。

　　a．歴史的な通時態として言語を見る見方から、現在生きている共時態としての言語への環帰の試み。

　　b．言語は語る主体の関数ではないし、語る主体はラングの所有者でもなく、ただ分かってもらおうとし、分かろうとするまるごとの意志にすぎないことを主張すること。

（MS, 1993, pp.117-119 の筆者による要約）

　このようにソシュールの言語論を総括した上で[1]、メルロ＝ポンティは「ソシュールはここで、個人と社会の関係という哲学上の主要問題に出会います」（MS, 1993, p.119）と言って、ソシュールの思想を自身の哲学的な関心に引きつ

1　ただし、最後の「分かってもらおうとし、分かろうとするまるごとの意志にすぎない」については、『講義』にはそのように言っている部分は見当たりません。この部分はかなりメルロ＝ポンティ自身の見解に引きつけてのソシュール解釈だと言わなければなりません。

けて以下のように論じています。

　彼にとって、個人は歴史の主体でも客体でもなく、同時にその両方なの
です。したがってラングはすべての語る主体にとっての超越的実在でもな
いし、個人によって形成された幻想でもありません。ラングはまさに人間
の間主観性の現れなのです。ソシュールは、もっとも基本的な社会的実在
の一つである言語活動の分析を通じて、個人を歴史に結びつけている謎め
いた関係を解明するのです。彼は言語学をもっと一般的な「記号学」の一
部とみなしています。　　　　　　　　　　　　　　　(MS, 1993, p.119)

　この引用でわかるように、メルロ＝ポンティはソシュールのテクストにソ
シュール独自の文化記号論への志向を読み取っています。
　本章では、中期メルロ＝ポンティのこうした理解と関心を押さえた上で、
『講義』でのソシュールを踏まえながらもそれを超えていくメルロ＝ポンティ
の姿を描いていきます。そして、バフチンの対話原理との関係にも触れたいと
思います。

1. ソシュールを超える

1-1　言葉＝パロールの意味
　第2章の1-1の末尾で論じた現象学の根本的な見方と同章1-2での議論の敷
衍、及び第3章の2-1で提示した価値形相論をかけ合わせると以下のような状
況が見えてきます。箇条書きでまとめたいと思います。

(1) 世界やその中の種々の対象はあらかじめ客体としてそこにそれとしてあ
　　るものではない。
(2) わたしたちは文化的に調律された身体でもってノエシス－ノエマ相関に
　　おいて世界を経験する。
(3) わたしたちが経験する世界は仮想世界である。わたしたちは、仮想世界

をさもそこにある世界のように見定めながら共同的に生を営んでいる。

(4) あらかじめ客体として存在する事物はない。事物とは仮想世界の中に見出される事物であり、それはノエシス‐ノエマ相関における事物である。

(5) 生きることを営む実際の契機で立ち現れる言葉は、概念や思想を翻訳するものではなく、ノエシス‐ノエマ相関において実存の経験を「完成する」ものとなる。

(6) ランガージュは、わたしたちの実存の運動に根源的に関与している。

(7) 当初曖昧な音声的所作を生み出していたランガージュは、やがて$\frac{意味}{音節}$という形相を生み出す。

(8) 言語記号とは、こうして生まれそのような位置にある$\frac{意味}{音節}$の形相のことである。それはいわば言語記号的なノエシス‐ノエマ相関である。

(9) 個々の出会い（encounter）とそこでの言葉の取り交わしは、世界内存在による言葉（パロール）を枢要な仲立ちとした独自で個別的なつながり形成の相互的な実践である。

　このような認識を踏まえて言葉の意味ということに関心を向けると、**個々の出会いというつながり形成の相互的実践の現場にこそ意味が立ち現れる**ことがわかります。同時に、ほかでもないそのように**言葉を仲立ちにして当事者間で結ばれるつながりの在り様そのものが意味**だということがわかります。それは、実存的意味と呼ぶべきものです。そして、わたしたちの実存に直截に関与している実存的意味はぎっしり内容の詰まったもので（フィンク、1982, p.166、第1章の5-1）、それは、第2章の1-3で論じたように、**言葉の内に住み込み言葉と不可分になっており、言葉はそうした意味の徴表**となっています。

　実存的意味とはそのようなものなので、**本来画定することができません。**個々の言葉あるいはそれを構成する語や語列に特定の意味がある、あるいは特定の意味を指しているように見えるのは、言葉（パロール）つまり**実際に行使された発話やディスコースにおいて語や語列や文に注目してその意味を言い当てようとするもう一つの言語実践**をわたしたちが行い、その経験を積み重ねているからです。つまり、語や語列や文の意味というのは言葉（パロール）とともにあらかじめ在るものではなく、そうした**反省的な実践に基づく二次的な産**

物なのです。本章のイントロダクションでまとめたメルロ＝ポンティによるソシュールの見解の概要やこれ以降本章で行う議論の背景には、実はこうした認識が前提としてあります。従来言語の意味をめぐってはそうした前提的なポイントが明示的に述べられないまま議論が行われていたので、それ以降の主張や議論が十分に理解されずにきた傾向があります。本書では、上のような前提的な認識を踏まえた上で議論を進めたいと思います。

1-2　弁別的意味あるいは示差的意味

「間接的言語と沈黙の声」（S1, 1969）の冒頭を、メルロ＝ポンティは以下のような一節で始めています。

> われわれがソシュールから学んだのは、記号というものがひとつずつでは何ごとも意味せず、それらはいずれも、或る意味（サンス）を表現するというよりも、その記号自体と、他の諸記号とのあいだの、意味のへだたりを示しているということである。これら他の諸記号についても同様のことが言いうるわけだから、国語（ラング）は、名辞を持たぬさまざまな差違によってできているわけだ。もっと正確に言えば、言語における名辞とは、各名辞間にあらわれる差違によってのみ生み出されるのである。　　　　　（S1, 1969, p.58）

この引用では、本章のイントロダクションの(1)でも論じられている弁別的意味あるいは示差的意味について議論しています。前項で論じたように言葉＝パロールには本来的に画定できる意味はありません。しかし、一方で、ランガージュは価値形相という形で音声と思考のユニットを形成しています。上の引用も含めて、言語の意味あるいはラングの意味の議論はこの価値形相論の見方に基づいて行われています。イントロダクションの(1)の「語は一つの意味を担うというより」という指摘を念頭におきつつ、この引用部分を解読していきましょう。

メルロ＝ポンティは「記号というものがひとつずつでは何ごとも意味せず」と言っていますが、これは記号が言語活動実践の脈絡から抽出されると上で論じたような言葉＝パロールの意味に関与しなくなってしまい、そもそも意味

をなくしてしまうということです。しかし、そのように抽出された言葉について、それらを仮に一つの平面上あるいは空間に配置すると「それらはいずれも、或る意味（サンス）を表現するというよりも、その記号自体と、他の諸記号とのあいだの、意味のへだたりを示している」とメルロ＝ポンティは論じています。つまり、語は意味空間での他の語との相対的な位置を占めるものであって、何らかの意味を担って表現するものではないということです。さらに次の「国語（ラング）は、名辞を持たぬさまざまな差違によってできているわけだ。もっと正確に言えば、言語における名辞とは、各名辞間にあらわれる差違によってのみ生み出されるのである」の部分は、ラングはそうした差異に依拠することで成り立っているもの、つまり差異の体系そのものだという事情を説いています。

　この部分の議論は、語や語列や文の意味は反省的な実践に基づく二次的な産物として捉えることができるという前項での議論に結びつけることができます。一方で、言語活動に従事する当事者つまり話し手や聞き手における機能しつつある志向性の働きと関連づけて議論を展開することもできます。後者を試みてみましょう。

　世界内存在による実存の運動という観点から言うと、ランガージュは**シンボル的機能という一種の機能しつつある志向性**と見ることができます（第3章の2-2）。それは、対面的な相互行為を例として言うと、話し手においてはパロールをめざすヒューリスティックス[2]として働き、聞き手においては自身に向けられたパロールを対話的に定位するように、つまりパロールを触媒として今-ここの現実として実存世界をつくりあげつつパロールにその中軸的な位置を与えるように働きます[3]。そのようなつながり形成運動において、**示差的意味は実存の実践の従事において存在の定位の照準先としてノエマの側の一つの軸と**

2　ヒューリスティックス（発見法）とは何かを決める際の手法の一つで、アルゴリズム（計算手順）と対比されます。物事を決定する際にアルゴリズムではあらかじめ決定手続き（計算式）が用意されていて、それをたどって段階的に決定のステップを進めることで最終的な決定（解）に至ります。これに対しヒューリスティックスでは、直感や一定の心理機構などによって一気に物事を決定・解決したり、解に至ったりします。わたしたちが言語表現を得る仕方は、決してアルゴリズムではなくヒューリスティックスです。

3　広い意味では、この対話的に定位するということもヒューリスティックスだと言えます。

なります。そして、実際の相互的な言語活動従事が成功裏に行われるときは、ノエシス−ノエマ相関として言語記号がつつがなく交換されるわけです。そこには**間違いなくノエマとしての示差的意味が介在している**のですが、**それは進行し続ける相互的な言語活動とそこでおおむね共有されるぎっしり内容の詰まった実存的意味の中でかき消されてしまいます**[4]。これが示差的意味というものの実態となります[5]。

　一方で、こうした**ヒューリスティックス**や**対話的定位**が達成されたときノエシス−ノエマ相関が実体を獲得して言葉が現れます。そして、**言葉が現れると、反省的思考が可能な主体においては多かれ少なかれその言葉の形式と意味が意識化されます**[6]。こうした点も、示差的意味のもう一つの側面です。つまり、当該の言語活動を仲立ちしている言葉は、**一方で実存的意味の徴表となりながら、他方で示差的意味の水準でもう一つのノエシス−ノエマ相関の関係を形成する**ということです[7]。それが、上の「もっと正確に言えば、言語における名辞とは、各名辞間にあらわれる差違によってのみ生み出されるのである」の一節の言わんとしているところです。

4　ここで「おおむね共有される」と言ったのは、完全に共有されることは決してないという見解に基づきます。Clark and Wilkes-Gibbs (1986) が言うように、わたしたちの言語活動従事においては「現下の目的のために十分に（sufficient for current purposes）」意味が共有されるというのが通常の状況であると見られます。

5　そうした成功裏に行われる言語活動従事で示差的意味が了解されている一つの証拠に、言い間違いが伴っている場合でも、言い間違いが検出され気づかれながらもつながりの形成が成功裏に行われるというケースを挙げることができます。あるいは、言い間違いとは言わないまでも、聞き手の言語感覚からすると適切でない話し方が検出され気づかれながらもつながりの形成が達成されるということもあります。また、第二言語話者の十全でない発話が十分につながりを形成することができるのも、聞き手の当該言語話者の側において差し向けられた発話を能動的に対話的に定位して、十全でない発話を手がかりにしながら十全なノエシス−ノエマ相関を喚起して、誤った発話（実際に差し向けられた発話）を検出し気づきながらもつながりの形成をつつがなく行うという事情になります。

6　書き言葉の発達と連動して発達する自覚的な言語的思考が未だ発達していない子どもは、そうした意味の意識化がまだできません。ヴィゴツキーはそれを「ガラスの理論」と呼んで説明しています（ヴィゴツキー, 2003, p.205）。

7　こうした言語の多様態性については、西口（2020b）のpp.26-29で論じています。

1-3　示差的意味とランガージュのヒューリスティックスと機能しつつある志向性

　上のような事情をメルロ゠ポンティは「観念とは、われわれの言葉^{パロール}を支える秘密の軸、あるいはスタンダールが言ったように、その『杭』であり、われわれの重力がおもむく中心点」(S1, 1969, p.28) だと言っています。ここに言う「観念」は示差的意味のことです。そして、それは「杭」であり「重力がおもむく中心点」だと言っています。つまり、わたしたちは**「わたし」と他者との間で期待されるつながり形成の「杭」となるノエシス゠ノエマ相関を模索し、それを見つけることができたらそれを「杭」として打つという形で言語活動に従事**しているわけです。これが、**ランガージュのヒューリスティックスにおける示差的意味の関与の仕方**です[8]。そして、ここに言う「重力」とは、機能しつつある志向性が内具している「単純化してゆく能作」(フィンク, 1982, p.166、本書p.24) だと見られます。そうすると、言語活動従事におけるランガージュのヒューリスティックスという実存照準の過程は、**機能しつつある志向性を基盤としランガージュも同時に働く、統一体としての実存の総体的な照準の過程**だとなります。そして、ランガージュのヒューリスティックスはぎっしり内容の詰まった実存の照準の中で行われる発見的な過程であるがゆえに、わたしたちはその過程を判然と捉えることはできません。

　さらにもう一歩議論を進めると、フィンクの言う「ぎっしり内容のつまった (massive)」(フィンク, 1982, p.166) の「内容」は、Jacoby and Ochs (1995) の言う相互行為において共構築される文化的に意味のある現実 (culturally meaningful reality) で充たされていると推測されます。共構築 (co-construction) についてのJacoby and Ochsの説明は以下の通りです。

　　　　… we refer to co-construction as *the joint creation of a form, interpretation, stance, action, activity, identity, institution, skill, ideology, emotion, or other culturally meaningful reality*.　　　　(Jacoby and Ochs, 1995, p.171、強調は原著)

---

　8 ここでは、聞き手における対話的定位も含めてヒューリスティックスと言っています。

つまり、相互行為では、発話を中心とした形（form）の取り交わしに沿って対話者たちの間で相互的に行われる現下の出来事の理解という営みを通して、**解釈、スタンス、行為、活動、アイデンティティ、社会制度、技能、イデオロギー、情意、その他の文化的に意味のある現実が一つの統一体として"massive"に構成されたり確認されたり伸展されたりする**のです[9]。

1-4　ラングの内的分化

　ラングの性質をめぐってメルロ＝ポンティは言語発達の観点からも興味深い議論をしています。

> 　国語とは学ばれるものだ。そして、この意味で、人々は、どうしても部分から全体へおもむかざるをえない。ソシュールにおいては、全体が最初にくるのだが、その場合の全体は、文法書や辞書が記録しているような、完全な国語体の、明確なかたちをそなえ、はっきりと分節化された全体ではありえない。…彼が語る一体性とは、円天井の、互いに支えあった構成要素が形作っているような、共存的一体性である。この種の総体においては、言語の、習い覚えられた諸部分が、直ちに全体としての価値をもつのであり、進歩は、付加や対置による以上に、すでにそれなりに完全な或る機能の内部的な分節化によってなされることになる。　（S1, 1969, pp.58-59）

　メルロ＝ポンティは、ソシュールの言う全体あるいは一体性というのは「円天井の、互いに支えあった構成要素が形作っているような、共存的一体性である」と言います。そして、そうした総体においては「言語の、習い覚えられた諸部分が、直ちに全体としての価値をもつ」というのは、言語発達途上の子どもにおいては習い覚えたかぎりの言葉によって世界を経験するほかない、つまり**習い覚えた言葉によって可能な世界経験がその子にとっての世界のすべてと**なるということを意味しています。子どもは習い覚えた言葉をリソースとして世界を経験するほかなく、また習い覚えたかぎりの言葉で話し応答するしかな

9　Goffman（1959）も社会的出会いの構造として同様の見解を提示しています。

く、そのような主体として他者と交わるほかないのです。

　さらに、「（言語の）進歩は、付加や対置による以上に、すでにそれなりに完全な或る機能の内部的な分節化によってなされる」というのは、言語の発達は経験世界のいわば横の拡大として言葉の付加や対置つまり言葉の追加による側面もあるが、むしろ**経験世界の精緻化として全体の内部的な分節化**によってなされると言っているのです。木田は、このような意味での体系は「自立した諸部分の集合によって成立する体系ではなく、一つの全体が内的に分化してゆくことによって部分が決定されてくるような体系、全体が部分に先行するような体系」（木田, 1984, p.212）だと説明しています。

2. メルロ＝ポンティによる議論の展開

2-1　ラングのランガージュへの還元──ラングの仲介を内包したランガージュというシンボル的機能

　第3章の1-1で見たように『講義』では、パロールはラングをただ適用して行われる実際の言語の行使にすぎないという見解が見られました。それに対し、メルロ＝ポンティは「私は話すそのつど、私の言語体系を全体として目ざしているのであり、私にとっては発話（パロール）と言語体系（ラング）の境界線を決めることはきわめて困難です」（MS, 1993, p.122）とも論じています。ただその一方で、「発話（パロール）は人の語るもので、言語体系（ラング）は話すために人がそこから言葉を汲み出してくる宝庫であり、つまりはさまざまな可能性を含んだ一つの体系です」（MS, 1993, p.122）とも言っています。メルロ＝ポンティの頭の中では、前章で論じた語られた言葉や丸山の言う構成された構造がイメージされているのだろうと推察されます。

　メルロ＝ポンティはさらに踏み込んで議論を進めます。

　　私たちは言語の生成のなかに一つの意義を見いだし、それを一つの動態における均衡としてかんがえなければならない。…しかし、それと相関して了解しなければならないことがある。すなわち、共時態というのは通時

態にたいする一つの横断面でしかないのだから、そこに実現されている体系は、けっして完全に顕在化したものではなく、いつも潜在的または潜伏的な変化を含んでいるものであって、透明な一つの構成的意識のまなざしのもとで完全に顕在化され得るような、絶対的に一義的な諸意味などではけっしてつくられてはいないということ、これである。

（S1, 1969, pp.136-137）

　最初の文は、ランガージュの歴史的な動態における一定の均衡としてラングを見ることができるという趣意です。次の文で「共時態」と言っているのは、そのラングのことです。そして、その共時態＝ラングは「通時態にたいする一つの横断面でしかないのだから」と指摘して、「そこに実現されている体系は、けっして完全に顕在化したものではなく、いつも潜在的または潜伏的な変化を含んでいるものであって、透明な一つの構成的意識のまなざしのもとで完全に顕在化され得るような、絶対的に一義的な諸意味などではけっしてつくられてはいない」と主張しています。端的に言うと、**共時態は常に変化の相にある通時態の特定時点の断面なのだから、当然不変のものではあり得ず、ゆえにわれわれはそこに決して種々の一義的な意味を見出すことはできない**ということです。メルロ＝ポンティは、続けます。

　　ここで必要なものは、相互のあいだで明確に分節化された意味の諸形式の一体系でもなければ、また一つの厳密なプランにしたがって構成された言語的諸観念＊の一建築物でもない。むしろ、その各々が一つの意味作用によってよりは一つの使用価値によって定義づけられるであろうような、収斂するいくつかの言語的所作の総体が問題なのである。（S1, 1969, p.137）

　＊ "idées linguistiques" は「言語学的諸概念」から「言語的諸概念」に、"gestes linguistiques"は「言語学的所作」から「言語的所作」に筆者が改訳している。

　上の引用の最後の文では、言語活動実践の要請をきっかけとしてランガージュのヒューリスティックスによって、使用価値に基づいて規定され収斂する言語的所作というものが提起されています。実際の言語活動従事の要請に応え

るためにはそうした収斂する言語的所作の総体こそが問題となる、ということです[10]。そして、この論点は以下の見解へとつながります。

> われわれが言語のこうした一次的な層に近づきうるのは、ソシュールとともに、記号をある意味の代理物としてではなく言葉の*連鎖や発話の示差的手段として「対比的で相対的・否定的な存在」として定義するときである。言語体系（ラング）は記号（語や文法的・統辞的形態）の総和であるよりも、むしろ記号を相互に弁別し、そのようにして言語の世界を構成する方法的手段なのだ。…思考の世界をこの世に存在させ、「内的現象の移ろいやすい性格からいささかでも継続しうる作用と独立の存在を引き出してくる」唯一のものが、言語の世界なのである。 　　　　　　　　　　　(PM, 1979, p.51)
>
> 　＊2行目の「言葉の」は、原典では"parole"ではなく"verbal"となっている。

　引用中の「言語」はいずれも原典では"langage"で、その**言語の世界こそが「思考の世界をこの世に存在させ、『内的現象の移ろいやすい性格からいささかでも継続しうる作用と独立の存在を引き出してくる』唯一のもの」**だと主張しています。ここでは**ラングの仲介を内包したランガージュというシンボル的機能**の様態が巧みに描かれています。そして、その見方には、ラングを語彙と統語構造の総和と考え、その個々を形態と意味の結びつきと考えると、思考の世界をこの世に存在させることができなくなるという重要な主張が含まれています。
　生じ始めたばかりの心の動き、それはいわば存在のノエマの胚で、まだ象（かたち）を得ていません。機能しつつある志向性の働きの下にある主体は、同時にラングの仲介を内包したランガージュのヒューリスティックスを作動させて、収斂するいくつかの言語的所作を得ます。その瞬間が、**主体が現下の唯一無二のノエマの胚を言葉へと受肉させる瞬間であり、存在が受肉する瞬間**です。メルロ＝ポンティはランガージュの作用あるいはランガージュというシンボル的機能

---

10 ただし、ここで言われている言語的所作は外部に示された所作というよりむしろ主体内に立ち現れたものと見るのが適当です。そのことは、2-2で明らかになります。また、メルロ＝ポンティが、ヴィゴツキーの言う内言の形態面の縮減である心理的述語（ヴィゴツキー, 2001, p.376）のようなことはここでは考えていないことを付言しておきます。

をこのように理解しているのです。以下は、そのような見解が述べられている
フッサールからの一節のメルロ＝ポンティによる引用です。

　　　「思念（Meinung）は、語と並んで、語の外にあるのではない。話すこと
　　によって（redend）、私はたえず、語と融け合った、そしていわば語を活
　　性化する内的思念の作用を遂行しているのである。この活性化の結果、語
　　やすべての発話行為がそれ自身のうちに思念を受肉し、そこに受肉され
　　た思念を意味として担うことになるのである。」（PM, 1979, p.51、フッサー
　　ル『形式論理学と超越論的論理学』からのメルロ＝ポンティによる引用、邦訳
　　（フッサール, 2015）では p.26）

　ここにおいてラングは言語記号のシステムであるという静態的な見方から完
全に決別し、ランガージュの作用の中に包摂されます。

2-2　身体的志向性

　存在の哲学の文脈でランガージュのシンボル的機能を考究するメルロ＝ポン
ティは、最終的にわたしたちの言語活動実践の作動を以下のように「身体的志
向性の一つの顕著なケース」と位置づけます。少し長くなりますが、そうした
議論を引用します。

　　　幼児*が自分の国語を学ぶさいに同化する〈語る能力〉というものは、
　　形態論的、統辞論的、および語彙論的な諸意味の総和などではない。こう
　　したものの知識は、一つの国語をものにするのに必要でもなければ十分で
　　もない。語るという行為は、ひとたび己がものとされると、私の表現した
　　いと思うことと、私のもちいる表現手段の概念上の配置とのあいだの、い
　　かなる比較をも想定するものではないのだ。私の意味的な志向を表現にま
　　で導くのに必要な語や言い廻しは、私の語っているさいには、ただフンボ
　　ルトが innere Sprachform〔内的言語形式〕と呼んでいたもの（そして現代の
　　人たちが Wortbegriff〔語詞概念〕と呼んでいるもの）によってのみ、私に問い
　　合わされるのであって、つまり、そのさいにつかわれるものは、それらの

語が所属している或る話し方〔言活動〕の様式、それらの語をわざわざ私が表象しなくともひとりでにそれらの語を組織化して行ってくれる或る話し方の様式なのである。言語の或る〈言語的〉意味作用（une signification langagière、筆者注）というものがあって、それがまだ黙している私の志向と語とのあいだの媒介の役を果たしているのであり、その結果、私の言葉が私自身をおどろかしたり、私に私の思想を教えてくれたりもするほどである。組織化された諸記号は、その内在的語義というものをもっているが、これは〈われ惟う〉には所属せず、〈われ能う〉に所属するものである。意味作用に直接触れることなく接合してゆく言語のこうした遠隔的な働き、意味作用を語に変えることも意識の沈黙を破ることもけっしてしないくせに決定的な仕方で意味を志向するこうした雄弁さ——これは身体的志向性（l'intentionalité corporelle）の一つの顕著なケースである。

（S1, 1969, p.139）

　＊ 冒頭の「児童」のみ「幼児」と筆者が改訳、原典では"enfant"。

　上の引用の中の「言語の或る〈言語的〉意味作用」や、メルロ＝ポンティが他の部分で言っている「その内的配置によって、さまざまな語義がそこに先取されているようなある一個の原初的意味」（PM, 1979, p.51）は、いずれもランガージュというシンボル的機能の内実を言い当てようとしています。そして、そうしたランガージュの作用は思考することである「われ惟う」に属するものではなく、ランガージュの作用を身体化している主体の精神・身体的な機構である「われ能う」に属すると主張しているのです。ですから、言語的意味作用は、意味の土台となる言語的意味がまず考える主体によって把握されているのではなく、**話す主体によってただ実践されていること**（PM, 1979, p.57）、つまり**身体が自ずとなす作用**となります。そして、すでに明らかなように、**身体的志向性**とは、ランガージュの作用を含む総体としての機能しつつある志向性のことを言っています。

　さらに、木田が指摘しているように、「われ能う」の「われ」、つまり「語る主体」は、自己意識にしか開かれていない意識主観ではなく、本質的に他者の身体の前に現前し、その他者の身体とのいわば間身体的な関係（第2章の2-

2) のうちにある身体的自我なのであり、そうした身体の所作であるからこそ言語行為（パロール）は社会的行為たり得るのです（木田, 1984, p.224）。そうした事情をメルロ＝ポンティは象徴的に以下のように論じています。

> 記号の意味、それは何よりもまず記号が使用されるときに描くそれら記号のゲシュタルトであり、そのゲシュタルトから放射する対人関係のスタイルなのだ。　　　　　　　　　　　　　　　　　　　　　　　　　（PM, 1979, p.57）

3. 話し方の様式あるいはことばのジャンル

3-1　話し方の様式としてのラング

前節の2-2の最初の引用にはもう一つ注目すべき見解が含まれています。前章のイントロダクションの冒頭で言及したように、『知覚の現象学』の時点でのメルロ＝ポンティは語られた言葉としてソシュールの言うラングに注目はしていましたが、その性質について詳細に論じてはいませんでした。「構成された語彙と統辞の体系、あるいは、経験的に存在している〈表現手段〉」、そして「そこ（外在化された語る言葉）から語られた言葉〔後者〕も生まれてくるのであって、これは手持ちの諸意味をあたかも既得の財産でもあるかのように享受する」（いずれも、PP1, 1967, p.322）としか言っていません。しかし、上の「幼児が」から始まる引用では、メルロ＝ポンティ独自の「語られた言葉」観が提示されています。それを箇条書きにすると以下のようになります。

(1) 国語を身につけるために必要なのは、形態論的、統辞論的、および語彙論的な諸意味の総和ではない。そうした知識は、一つの国語を身につけるのに必要でもなければ十分でもない。

(2) 「わたし」の意味的な志向を表現にまで導くのに必要な語や言い廻しは、「わたし」が語っている際には、内的言語形式あるいは語詞概念などと呼ばれるものとして「わたし」によって呼び起こされる。

(3) そのように呼び起こされるのは、語が所属しているある話し方の様式

（certain style de parole）、つまり語をわざわざ自身が表象しなくても自ずと語を組織化してくれる話し方の様式である。

　つまり、メルロ＝ポンティは語られた言葉とは、第一義的には**話し方の様式**だと言っているのです。また、他の部分では、子どもが国語（ラング）を習得する際に身につけるのは、「表現のスタイル（style d'expression）」あるいは「ことば（パロール）を用いる独特の方法（manière unique de jour de la parole）」だとも言っています（S1, 1969, p.60）。第2章の1–3の末尾では「私が他者の言葉を了解するためには、あきらかに、相手の語彙と文章構造とが私によって〈すでに知られて〉いるのでなければならない」（PP1, 1967, p.301）の部分に注目しましたが、この部分の「語彙と文章構造」も本来は話し方の様式と言うべきところでしょう。さらに、以下の部分も、やはり語られた言葉の基本的なユニットは話し方の様式であることを示していると言えるでしょう。

> 　言語は決して何ものかを言おうとするものではないように見えるわけであって、言語は、動作間にきわめて明瞭な差異を呈示するようなある階程を作り出し、その結果、言語の行為が反復され裁ち直され、それ自身として確証されるにつれて、その行為が、どうにも拒否できない形で、われわれに意味の世界の諸様相や輪郭を提供してくれるようになるのである。
>
> （PM, 1979, pp.52-53）

　このように、メルロ＝ポンティにおいて人が言語活動に従事する際にリソースとなる語られた言葉あるいは丸山の言う構成された構造は、『講義』の「言語学の対象」で言われていたような語彙と統辞的形態の総和ではなく、**話し方の様式、表現のスタイル、ことばを用いる独特の方法**であり、**その豊かな蓄積だ**となります。前節で論じたようにランガージュのヒューリスティックスや言語的意味作用がありながらも、それらが作動し得るのは何らかの利用可能な形で話し方の様式などのリソースが話す主体にあらかじめ備えられているからです。
　一方で、丸山も、ソシュールの見解として、ラング自身も一定の話し方の様式や表現のスタイルすなわち以下の引用中の**連辞**を有することがあることを指

摘しています。

　　「我々が語るのは、連辞によってのみである。そのメカニズムは恐らく、我々が連辞の方を頭脳の中に持っていて、それらの型を用いる時に連合語群を介入させているのである」（学生のノートから、筆者注）。したがって、連辞の結合価、結合規則、すなわち《文法性 grammaticalité》はラングに属し、いかに顕在的なコンテクストの中に現前しても、それは決してパロールではない。パロールとは、個々人が言表作用を行うときに、ラングに属する連辞関係に従って、連合語群の中から特定のシーニュを選択し、さらに大きい特定のシーニュへと結合するその精神的活動とその実質化、実行なのであり、同じく顕在化といっても、その言語社会の中で容認されている可能な連辞の型はパロールではない。　　（丸山, 1981, pp.331-332）

　丸山が引用している学生のノートによると、ソシュールは、わたしたちは「連辞の方を頭脳の中に持っていて、それらの型を用いる時に連合語群を介入させている」と言っています。そして、丸山は、「パロールとは、個々人が言表作用を行うときに、ラングに属する連辞関係に従って、連合語群の中から特定のシーニュを選択し、さらに大きい特定のシーニュへと結合するその精神的活動とその実質化、実行」なのであり、「その言語社会の中で容認されている可能な連辞の型はパロールではない」と学生のノートで知り得たソシュールの見解を敷衍して論じています。

3-2　バフチンのことばのジャンル

　ラングについてのこうしたメルロ＝ポンティやソシュールの見解は、当初の関心や観点は異なりますが、バフチンの**ことばのジャンル**の見方に類似してきます。バフチンはことばのジャンルについて以下のように論じています。

　　人間のさまざまな活動領域のすべてが、言語の行使とむすびついている。…これらの発話は、それぞれの活動領域の特殊な条件と目的を、…なによりもまず、〔発話の〕構成に反映しているのである。…個々の発話は、

もちろん、どれも個性的なものだが、しかし言語の行使のどの領域も、わ
れわれがことばのジャンルと呼ぶところの、発話の相対的に安定した諸タ
イプをつくり上げているのである。　　　　　　（バフチン, 1988a, pp.115-116）

　また、以下の一節もことばのジャンルの特性をよく表しており、上で論じた
連辞についての見解とよく符合します。

　　われわれは発話を構成する過程で語を選ぶさいに、けっして言語体系の
　なかから、中立的な辞書的なかたちのまま語をとり出すのではない。われ
　われはふつう、語を他の発話のなかから、それもまずジャンルのうえでわ
　れわれの発話に似かよったもの、つまりテーマ、構文、スタイルが似か
　よったもののなかからとり出すのである。われわれは、したがって、語
　をジャンルの特性でもって選ぶわけである。ことばのジャンル──それは
　言語の形式ではなくて、発話の典型的な形式である。そのようなものとし
　てジャンルはみずからのうちに一定の典型的な、そのジャンルに固有の表
　情をとり込む。ジャンルのなかで語はなんらかの典型的な表情を獲得する
　のである。　　　　　　　　　　　　　　　　　　（バフチン, 1988a, p.166）

　バフチンによると、わたしたちは一定のことばのジャンルでもって話しま
す。そして、わたしたちは話し言葉と書き言葉のジャンルの豊かなレパート
リーをもっていて、ことばのジャンルを確信をもって巧みに使い分けていま
す。しかし、ことばのジャンルの存在そのものについては気づいていません
（バフチン, 1988a, p.148）。
　ことばのジャンルは、端的に言うと、**発話の可能性であり発話の構成原理で
す**。そして個人のレベルとして言うと、**それまでの人生を通して蓄積した、さ
まざまな活動従事の経験とそれに関与した言語行使の様式の沈殿**が、ことばの
ジャンルの総体です。そして、それは、次章の4で論じるように、ホルクウィ
ストの言う一般的システムとしての言語の総体的要請となって、具体的に発話
を実践しようとするときに「つねにすでにそこにある」（ホルクウィスト, 1994,
p.87）ものとして働く要因となります。

第5章

メルロ＝ポンティとオートポイエーシス論と
対話原理

イントロダクション

　本書でのここまでの議論を概観したいと思います。第1章では、フッサールの現象学からハイデガーの現象学的実存論に至る経緯についてのメルロ＝ポンティの論をたどりました。そして、本書の大きなテーマである言語現象の解明につながる重要な視点として機能しつつある志向性について論じました。続く第2章では、所作や言語的所作を実存のゲシュタルトと見るメルロ＝ポンティの見解を確認し、世界内存在という現象的身体による世界や経験の照準とそれと連動する言語的所作を含む身体の照準が主体と客体を乗り越えるキーの要因になることをメルロ＝ポンティの議論に沿って示しました。次に、第3章では、ラングの概念の検討を手がかりとして、メルロ＝ポンティにおける語られた言葉と語る言葉と、ソシュールにおける構成された構造と構成する構造をめぐる議論をしました。そして、パロールとラングの弁証法的関係を明らかにするとともに、メルロ＝ポンティが言語による創造の活動にも関心を寄せていることを指摘しました。さらに、第4章では、ラングがランガージュへと還元されていくことを論じ、また、ランガージュの作用は思考することに属するのではなく、ランガージュの作用を身体化している主体の精神・身体的な機構、つまり「われ能う」という力あるいは機能に属することを見ました。そして、ランガージュの作用が身体的志向性すなわち機能しつつある志向性の一つの顕著なケースであることを明らかにしました。さらに、そうした脈絡で、言語活動従事に関与している潜在的な知識が、構成された構造あるいは語られた言葉と

しての話し方の様式であるという見解にまでたどりつきました。

　本章では、これまでの議論でその姿を現してきたメルロ＝ポンティの身体論的言語観をより広い視座の下に位置づけて解釈し、一つの包括的な論へと展開することを試みます。

　まずは、メルロ＝ポンティの現象学的な存在論を、本書執筆の重要な契機となったマトゥラーナとバレーラのオートポイエーシス論の脈絡に位置づける議論をします。そして、その議論を踏まえて、身体図式論を補う形でメルロ＝ポンティの身体論に触れ、さらにその延長として、モンタージュ論を経由して、意識の生を統一する志向弓の議論へと進みます。そして、志向弓の張り渡しも広い意味での機能しつつある志向性の働きによるものだと指摘するとともに、メルロ＝ポンティの身体論とマトゥラーナとバレーラのオートポイエーシス論を接続する議論をします。

　次に、メルロ＝ポンティの身体論的言語論とバフチンの対話原理を架橋する議論に進みます。キーとなる視点は、初期バフチンが展開しているイントネーション論です。バフチンの言うイントネーションとは、文法的な意味を示す上昇調や下降調などの音声特性ではなく、声の高さや大きさや音声の分節の仕方や発話の各部の伝え方や話し方のトーンなどを含む発話をするときの全体的な話しぶりです。バフチンはメルロ＝ポンティの言う言語的所作をイントネーションとその上に立ち現れる言葉に分けて論じています。イントネーションには人として生きることの息吹が吹き込まれており、そのようなイントネーションはわたしたちを言語という領域に導く移行装置となっていることを明らかにします。

　最後に、これまでの議論をすべて踏まえて、ホルクウィストの往信性の議論を視座として、わたしたちが発話をするというのはどういうことかを検討します。そうした議論の中で、本書で論じたさまざまな視点や観点が綜合されることになります。

1. メルロ＝ポンティの人間観

1-1 オートポイエーシス論

　1984年にチリ出身の2人の生物学者マトゥラーナとバレーラは『知恵の樹』[1]という挑戦的な本を出版しました。同書を貫いている大きなテーマは2つです。一つは、生命体において生きるとはどういうことか、生きることを維持することはどのように行われているかです。そして、今一つのテーマは、生きることについての理解を踏まえた上で、人間において認識するあるいは知るとはどういうことで、それは生命活動としてどのように位置づけることができるか、あるいはわたしたち人間の存在やその世界経験とどのように関わっているかです。マトゥラーナとバレーラはこうしたテーマを、宇宙と地球の誕生、そして地球上での物質からの生命の誕生の話から説き起こし、生命体を単細胞の生物体（同書ではファーストオーダーのユニティ）と多細胞の生物体（同書ではセコンドオーダーのユニティ）に分けて、さまざまな種類の生命体を例として挙げながらさまざまな生きるということの仕方を探究していきます。その話の中で、マトゥラーナとバレーラは、動物における神経システムの構造と機能のいくつかの特性に特に注目します。

・神経システムは、多様なクラスの細胞との数多くの接合を通じて有機体の中に埋め込まれており、感覚表面及び運動表面の各細胞とともに正確な神経相互作用のネットワークとして作動している。
・上記のことにもかかわらず、神経システムは作動的閉域をつくっている。つまり、その構成要素相互間に結ばれる活動諸関係におけるさまざまな変化の閉ざされたネットワークとして機能する。
・神経システムのこうした基本的な構造と機能は、腔腸動物（ヒドラ、クラゲなど）や環形動物（ミミズ、ゴカイなど）からヒトを含む高等脊椎動物に至るまで当てはまる。種の間で異なるのは、感覚＝運動相関を生み出す

1　スペイン語の原題では "El Árbol del Conocimiento"、英語版では "The Tree of Knowledge" です。

ネットワークの基本的組織ではなく、動物の種ごとに異なる神経細胞とその結合を通じて実現される神経ネットワークの形式だけである。そして、その形式にはきわめて大きな多様性がある。

（マトゥラーナ＆バレーラ, 1997, pp.176-190の筆者による要約）

　このように動物において共通する神経システムの特性を指摘した上で、かれらは人間に関して、以下のように論じます。

　　　　人間の脳が10^{10}以上か、ことによると10^{11}（1000億）以上のニューロンを持っていて、それらのニューロンの一つひとつが他のニューロンと接合され、多くの細胞と連結されるのだということを考えると、可能な相互作用の組合せの数は、天文学的以上のものだ〔まさに〈生物学的に〉大きな数だ〕。
　　　　　　　　　　　　　　　　（マトゥラーナ＆バレーラ, 1997, p.182）[2]

　つまり、人間においては、その神経システムの働きのおかげで、環境と切り結んで生きることを適合的に維持する仕方にほとんど無限と言えるほどの柔軟性があるということです。
　マトゥラーナとバレーラによると、単細胞の生物体であれ多細胞の有機的な生物体であれすべての生物体はそれとしてのユニティ（統一された単体）を形成していて、そのユニティとして環境と切り結んで適合的に活動することで生きることを営んでいます。かれらは、そのような存在の仕方の特性、つまり環境＝自身を取り巻く世界と切り結びながら自身の存在をつくり続けることこそが生物を生物として存在させている所以であり、またそれがそもそもの生物というものの定義であると言います（マトゥラーナ＆バレーラ, 1997, p.52）。そうした生物体をかれらはその性質を捉えて**オートポイエーシス組織**（autopoietic organization、自身で自身を制作し続ける組織）と呼んでいます。そして、人間と

2　マトゥラーナ＆バレーラ（1997）からの引用については、読みやすさの観点から、読点の付け方と表記に関して一部変更をしています。また、一部、英文原典を参考にして改訳しています。さらに、次の引用で出てきますが、邦訳で「単体」となっているところは「ユニティ」と変更しています。

いうものもそのようなオートポイエーシス組織となります[3]。

　オートポイエーシス組織である人間の身体は、ごく単純化して言うと、感覚要素である神経システムと運動要素である筋肉でできているユニティです。そのようなユニティの行動は、図式的に言うと、感覚活動と筋肉の調子との間のバランスだとマトゥラーナとバレーラは言います。そして、「一般に、あらゆる行動は、有機体の内的諸関係のダンスの外から見える姿にすぎない」（マトゥラーナ＆バレーラ, 1997, p.191）と主張します。かれらは、人間の認識というものもそのような人間の身体の作動の延長として見ています。

　　神経システムの〔作動的閉域、つまり閉ざされた回路を持った〕作動は、神経システムが自律的ユニティの一部をなしていることと完全に両立する。そしてこのユニティにおいては、その作動は円環的つまり作動的閉域を形成しているために、ユニティの活動のそれぞれの状態は必然的に別の状態を引き起こしてゆく。したがって神経システムはその構造そのものによって、生物のこのような自律的性格を画定している作動的閉域を乱すものではなくむしろ豊かにしているのだ。認識のすべてのプロセスがどのようにユニティとしての有機体およびその神経システムの作動的閉域〔作動的閉域にはこのようにさまざまなレヴェルがあるのだという点に注意しておこう〕に必然的に基礎をおくかが、われわれにははっきりと見え始めている。こうして、すべての認識（knowing、筆者注）は、神経システムの働きがその一要素として含まれる構造的カップリングの領域における感覚器と効果器の相関であるような行動〔おこなうこと〕（doing、筆者注）だ、とい

3　マトゥラーナとバレーラのオートポイエーシス論は、ルーマンによって社会学に応用されて新たな社会システム論が展開されています。また、河本はオートポイエーシスを人文科学の包括的理論として展開する試みを行っています（河本, 2000a; 2000b; 2002など）。ちなみに、マトゥラーナとバレーラによる2つの著書（マトゥラーナ＆ヴァレラ, 1991; マトゥラーナ＆バレーラ, 1997、「バレーラ」と「ヴァレラ」はいずれも "Varela" で同一の研究者）ではメルロ＝ポンティへの言及はありませんが、オートポイエーシス論のいわば進化形であるエナクティブ・アプローチ（enactive approach、生命と心の連続性を基本的な立場とする、知ることを身体として引き起こされる行為として見る新しい認知科学のアプローチ）を論じたヴァレラ他の本（ヴァレラ他, 2001）では、その序論でかれらの研究はメルロ＝ポンティの着想を引き継ぎその研究プログラムを継承するものだとして、かれらの研究の基本スタンスについて論じています。

うことになる。　　　　　　　　　（マトゥラーナ＆バレーラ, 1997, pp.191-192）

　ここに言う構造的カップリングとは、生きることを営んでいるユニティとそ
れを取り巻く環境とのかみ合いあるいは連結のことです。そして、この引用部
の主要な主張は最後の一文に集約されています。すなわち、すべての認識（知
ること）は、行動（行うこと）で、そうした認識は、作動する神経システムを
身体に備えた生物が環境と切り結んで生きることを営む際の感覚（受容）器と
効果器（筋肉）の相関であるような行動の一部だということです。マトゥラー
ナとバレーラによると、有機体におけるあらゆる行動は、**有機体の内的諸関係
のダンス**であり、そのダンスの外から見える姿です。そして、人間におけるそ
のダンスはきわめて精妙なものになっているので、かれらはしばしばダンスの
代わりにコレオグラフィ（choreography、舞踏術）という用語を使っています。
そのダンスが生み出されるまさに中枢は、各種の感覚器を通して世界とつなが
り、効果器によって世界に応答する、それ自体は閉じた形で作動する精巧な神
経システムです。そして、人間というオートポイエーシス組織においては、各
個体が**共－存在のコレオグラフィ**（マトゥラーナ＆バレーラ, 1997, p.301）**に従事
して集合的に生きることを営む**ことで、歴史的には新たな道具の制作や環境の
改変や集合体の組織の変更や言語の発達なども伴いながら、その集合的な生き
方を維持しています。
　また、そのようにしながら同時に、生命体として活動し生きることという
土台の上に、広い意味での**文化的に生きる**という**新たな生きることの領野を
「増設」**しています。そして、「増設部」が充実することで、やがてその「増
設部」が人間というオートポイエーシス組織及びその共－存在の生を制御する
ようになりました。また、さらに進んで、情動的な側面よりも理性的な側面
に人間の存在として重きがおかれるようになりました。「増設部」の上にさら
に「建て増し」が行われたわけです。そして、人間というオートポイエーシス
組織は、記号、中でも特に重要なものとして言語記号を仲立ちとしながら「増
設部」主導で生を営み、さらにその上の「建て増し部」において生を営むよう
になりました。そのような「増設部」の上の「建て増し部」が、新たな存在
領域としての**言語という領域**（domain of language、マトゥラーナ＆バレーラ, 1997,

p.251）です。

1-2 言語という領域

　マトゥラーナとバレーラは、人間による生き方へと至る前段階として脊椎動物や各種のサルや類人猿における社会性ということに注目します。かれらは、社会性のある脊椎動物やサルなどでは表出する行動と表情などを含む身体の所作でつながりを形成しそれが群れ全体としての生きることの維持に寄与していることを、さまざまな種類の動物の例を挙げて示しています。そして、マトゥラーナとバレーラは、社会を有機体（多数の細胞が連結して一つの生命体をなすもの）と同じように、それを構成するユニティをつなぎ合わせるメタシステムと見て、両者を対比的に論じています。すなわち、社会が個々の個体にとってのメタシステムであるのは、有機体のユニティがそれを構成する個々の細胞にとってのメタシステムであるのと同じだということです。

　有機体というメタシステムでは、そのシステムの構成要素つまり細胞は独立したユニティでありながら、独立した存在としての次元をほとんどあるいはまったくもっていません。一方、社会というメタシステムについて言うと、まず、アリやミツバチなどの社会性昆虫の場合は、各個体は自由に動き回っているように見えますが、実際にはそれが属するメタシステムに盲目的にとでもいうような形で強く従属しています。それに対し、有蹄類の一種のアンテロープ（レイヨウ）の場合は、群れというメタシステムの構成要素つまり群れの一員である各個体は比較的自律的に活動しています。しかし、やはり群れの構成要素として振る舞って、群れという集団的な生のメタシステムを維持しています。次に、霊長類になると、各個体の自律性や行動の自由度が高まる一方で、集団内のヒエラルキーなどが発生してきます。さらにチンパンジーなどの類人猿になると、個体の自律性と行動の自由度は一層高まり、一方で社会はより緩やかなものになり、その構成要素である個体も性質が穏やかになります。そして、次に、人間の社会が登場します。人間の社会というメタシステムは、その構成要素である各個体に最大の自律性と自由を許します。そして、各個体は最大限に独立した存在として多くの次元を有することになります。だからこそ、人間の社会の構成要素は個人と呼ばれるのだと言っていいでしょう。

人間の社会システムは、生を営む有機体のいわばサードオーダーのユニティとして霊長類や類人猿の場合と類似した次元を有していることは間違いありません。しかし、サルなどは言うまでもなく類人猿の場合とも決定的に異なるのは、人間の社会システムは**言語という領域においてサードオーダー・システムの第二層**とでも言うべきものを形成し、各個体はそれに関与して生きるユニティとしても存在しているということです。つまり、人間の場合は、言語という領域がかぶさることで、行動や動作などによって示し合わせることで群れの行動を調整する水準を超えた精妙な社会システムを構成しているのです[4]。そして、そこで生きることを営む人々は、言葉を枢要な仲立ちとして相互に関わり、つながりをつくりながら精妙な社会を構成し維持し、更新しています。また、その構成要因である人は、個々の出会いで意味のある出来事を協働的に構成して共同的に経験し、そのようにしている当事者として、自身にとっても、他者にとっても、社会にとっても存在することとなります。これが、マトゥラーナとバレーラの言う**言語営為**（languaging）です。人間とは、そのように生きることを営む高度なオートポイエーシス組織だとマトゥラーナとバレーラは見ているのです。

1-3　世界内存在＝オートポイエーシス組織という人間観

　『行動の構造』（SC, 1964）でメルロ＝ポンティは、物質、生命、精神のそれぞれを各々における独自の秩序として見る見解を提示しています。そして、それぞれを、物理的秩序、生命的秩序、人間的秩序と呼んでいます。メルロ＝ポンティは、物質、生命、精神を3つの異なる実体として捉えるのではなく、それらを構造の統合度の異なる3つの段階として捉えています。つまり、それぞれが先行の秩序を捉え直し、それをより高次の全体に組み込むことによって一層統合度の高い新しい秩序を実現していく3つの階梯をなしていると見るのです。人間の身体は、生命的秩序を基礎としながらそれをより高次の精神という

4　社会を構成している動物は相応の方法でコミュニケーションをしているからこそ社会を構成し維持できます。マトゥラーナとバレーラは、そうしたコミュニケーションの圏域のことを言語域（linguistic domain）と呼んでいます。前項で「増設部」と呼んだのは実は言語域にあたります。言語域と言語という領域はまぎらわしいので本書では仮に「増設部」としておきました。

秩序に組み込んで新しい秩序を実現する**精神的秩序**に属します。

　メルロ＝ポンティのこうした存在論と認識論の両者にまたがる構造の哲学や、本書のこれまでの章での議論から、メルロ＝ポンティがマトゥラーナとバレーラと同じように、人間を高度なオートポイエーシス組織、つまり、身体を基礎としてランガージュを含む機能しつつある志向性を働かせながら、物質的なものと群生的あるいは社会的なものを含む環境と切り結びながら世界を経験し、同時に自身の存在をつくり続ける存在として見ていたことがわかります。そして、メルロ＝ポンティの身体論的言語観においては、言語的所作もそれ以外の所作も、世界内存在として在るオートポイエーシス組織による存在のコレオグラフィとなります。さらに、そうした共−存在のコレオグラフィをわたしたちにさせる源泉は何かというと、それはわたしたちが他の生物と同じように有している生命の活力です。

2. メルロ＝ポンティの言語観

2-1　身体図式と身体論

　第2章の2-2で、「わたし」の意図と「他者」の所作及び「わたし」の所作と「他者」の意図の相互性の話をしました。それは身体図式に関わる話でした。すなわち、「わたし」自身も「わたし」の身体によって世界や対象を経験しますし、「他者」も同じようにその身体によって世界や対象を経験します。そうした「わたし」と「他者」の間での身体性の相互性つまり間身体性に基づいてこそ他者理解が可能になるという話でした。また、第2章の3-1では、現象的身体による、世界や経験の照準とそれと連動した身体所作の照準の話をしました。本項では、身体図式という見方を補足する形でメルロ＝ポンティの身体論についてさらに論じたいと思います。

　講義「幼児と対人関係」において、哲学上の難問の一つである他者問題つまりわたしたちはいかに他者を知ることができるかというテーマをめぐる議論の文脈で、わたしたちの身体をめぐってメルロ＝ポンティは次のような議論をしています。まず、メルロ＝ポンティの言う身体とは何かを見てみましょう。そ

れは、端的に**心を持った物体**（OE, 1966, p.132）です。「わたし」は心を持った物体であり、他者も心を持った物体となります。そして、わたしたちは「わたし」は心を持った物体であり、他者も心を持った物体であると素朴に想定して相互に交流しているわけです。

　その想定の根源はどこにあるのでしょう。その想定の根源について、メルロ＝ポンティは、「幼児が他人の身体と自分の身体とを、いわゆる〈身体〉として、つまり心を持った物体として同一視するようになるのは、それらを全体的に考えて同じ物と見るから」（OE, 1966, p.132）だと言います。そこから、古典心理学が考えているように、「わたし」の心理作用は自己に閉じこもって、他者には決して入り込めない一連の意識の諸状態ではなく、「わたし」の意識はまず世界や物に向かっており、それは何よりも世界に対する態度であり、他者の意識も同じように世界に対する一つの態度や行動の仕方だと論じています。そして、そのように「わたし」が世界や物に向けられた意識であるなら、「わたし」はその世界や物というところでそれらに向かう他者の行為に出会い、その行為にある意味を見出すことができるはずだと主張します（OE, 1966, p.133）。

　このように「わたし」も他者も心を持った物体として同じものであるというところから出発し、「わたし」の意識も他者の意識もともに世界に向かう態度や行動だということになると、世界に向かう態度や行動の部分で「わたし」は他者と出会うことができることになります。つまり、**「わたし」も他者も身体図式を通して世界を経験し、やはり身体図式を通してお互いに相手に接近できる**ということです。

　では、改めて、身体図式とは何でしょう。

　　　〈私の身体〉とは、諸感覚（視覚的・触角的・筋緊張感覚的・体感的等）の寄せ集めではありません。それは何よりも、そこでさまざまの内受容的側面や外受容的側面が相互に表出し合っている一つの系なのであり、少なくとも萌芽としては周囲の空間やその主な諸方位とのいろいろな関係を含んでいます。私が自分の身体について持っている意識は、孤立した或る一塊りのものの意識ではなく、それは「体位図式」であり、鉛直線とか水平線とか、また自分がいる環境のしかるべき主要な座標軸などに対する〈私の

身体位置〉の知覚なのです。 (OE, 1966, pp.134-135)

　ここでは「体位図式」と言っていますが、それは身体図式の言い替えです。ここでメルロ＝ポンティは、「わたし」の身体は「内受容的側面や外受容的側面が相互に表出し合っている一つの系」で、それは「孤立した或る一塊りのものの意識」ではなく、総体として一つの身体図式をなしていると言っています。身体図式という視点で、メルロ＝ポンティは、他の生命体と同じように、**自分がいる環境に対峙しつつ、それに対して特定の姿勢や反応を時々刻々に生成してとりながら、自身にとっての生の世界で生きることを営むオートポイエーシス組織**としてわたしたち人間のあり方を描いているのです。それは**世界に身を挺して、「わたし」を取り囲む自然的文化的世界に対して、特定の「身構え」**（OE, 1966, p.134）**で切り結んでいる「わたし」**の姿です。そして、身体図式はその総体として、以下のように行為的意味を帯びることになります。

　　　私の身体の知覚に関係するさまざまの感覚領域（視覚的・触覚的領域・関節感覚の与件など）は、相互に全く無縁な領域として私に与えられるものではありません。…それらは或る働き方のス・タ・イ・ルを共有しており、それらの全部を〈すでに組織化された全体〉たらしめるような行・為・的・意・味・を持っています。 (OE, 1966, p.135)

　わたしたちは、それぞれのこれまでの人生での生きることの従事を通して文化的に調律された知覚システム（第2章の1-2）を各々ですでに備えています。身体図式とは、**そうした身体が文化的に調律された知覚システムを働かせながら世界と出会って、機能しつつある志向性がつくり出す**ものです。

2-2　モンタージュ

　身体と世界の出会いについてさらに論じます。視覚に関わる議論でメルロ＝ポンティは、視覚を通したわたしたちの世界経験をモンタージュを得るというふうに言っています。メルロ＝ポンティはまなざしの話から始めます。

視覚物が現れるのは、私のまなざしが光景の指示に従いつつ、また、そこに散らばる光と影を集めつつ、照明された表面に、言ってみれば光が表明するところのものに到達する場合である。私のまなざしは、しかじかの光の斑点がしかじかの脈絡のなかで何を意味するかを「知っている」し、それは照明の論理を理解している。もっと一般的に言えば、世界の論理というものがあって、これに私の身体は全面的に従っており、またこれによって相互感覚物がわれわれに可能になるのだ。このような共働作用が可能であるかぎりで私の身体は、私の経験の総体にとってしかじかの色の多い少ないが何を意味するかを知っているし、対象の現前と意味とに及ぼすその影響を一挙にとらえるのである。　　　　　　　　（PP2, 1974, p.180）

　ここで注目すべきは、わたしたちが世界を経験するときには、まなざしが「光景の指示に従いつつ、また、そこに散らばる光と影を集めつつ、照明された表面に…光が表明するところのものに到達」し、同時にそれは「しかじかの光の斑点がしかじかの脈絡のなかで何を意味するかを『知っている』し、それは照明の論理を理解している」というふうに感覚器自体も自ずと働いているとメルロ＝ポンティが主張していることです。それはより一般的に言うと、**「世界の論理というものがあって」、「わたし」の身体はそれに「全面的に従って」いて、その世界の論理に拠ってこそ「わたし」は特定の関係の下にある対象を見ることができる**のだということです。そして、「わたし」の身体と世界の論理とのそうした共働作業が可能であるかぎりで**「わたし」の身体は、「わたし」の現下の経験の総体にとって今視覚を通じて「わたし」が関わったものが何であるかを知るし、諸対象の現れと対象相互の意味の総体を一挙に捉える**のだとメルロ＝ポンティは主張しています。メルロ＝ポンティは、そのような事態を以下のようにモンタージュを得ることというふうに言っています。

　　感官をもつということ、たとえば視覚をもつということは、つまり、それによってわれわれがあたえられた一切の視覚的布置を引き受けることのできるような、可能な視覚的諸関係のあの一般的なモンタージュ、あの基本型を所有することなのだ。身体をもつということは、一つの普遍的モン

タージュを所有することであり、つまり、われわれの実際に知覚する世界部分を超えて、すべての知覚的展開とすべての相互感覚的照応の基本型を所有することなのである。　　　　　　　　　　（PP2, 1974, pp.180-181）

　メルロ＝ポンティがここで論じているのは、文化的に調律された知覚システムというのは抽象的な認識のシステムではなく、その働きは感覚器官の具体的な動きにすでに受肉されているということです。そして、そうした感覚システムをもっているということは、与えられた感覚的布置を引き受けることができるような一般的なモンタージュをその感覚システムが備えているということであり、そこから、**身体をもつということは、一つの普遍的なモンタージュをもつということ**であり、実際に知覚する世界部分を超えてすべての知覚的展開とすべての相互感覚的照応の基本型を所有することだとなります。
　同様の論点をメルロ＝ポンティは、知覚される物を中心として以下のようにさらに展開しています。

　　物というのは知覚のなかで実際にあ̇た̇え̇ら̇れ̇る̇ものではなく、われわれによって内面的に取り戻され、再構成され、かつ生きられるものであって、しかもそれは、われわれがその根本的構造をにない、物がその可能な具体物の一つにほかならぬような世界にその物が結びついているかぎりでなのだ。われわれによって生きられるとは言っても、物はなおわれわれの生を超越するものである。なぜなら、人間の身体は、そのまわりに或る人間的環境を描き出すようなその習慣をもっており、世界そのものへと向かう運動によって貫かれているからである。　　　　　　　　　（PP2, 1974, p.181）

　ここでメルロ＝ポンティが「人間の身体は、そのまわりに或る人間的環境を描き出すようなその習慣をもっており、世界そのものへと向かう運動によって貫かれている」と言っているように、**現象的身体は人間的環境の経験を深く刻み込んだ身体でありつつ、かつそれを世界へと向かう能動的な作用として内具している身体**なのです。

2-3　意識の生を統一する志向弓

　『行動の構造』と『知覚の現象学』の各所で、メルロ゠ポンティはゲルプと
ゴルトシュタインによって長年にわたって観察された特有の失語症になってい
る患者を綿密に再検討しています[5]。その失語症患者は、砲弾の破片で大脳の
後頭葉（通常、視覚野と呼ばれている部位）に傷を負った一人の兵士です。詳細
な説明はここでは省略しますが、メルロ゠ポンティはその失語症患者のような
人たちに観察される困難を単なる言語の困難ではなく、実存的な志向性の困難
と解釈し、そこで侵されているのは、感性的世界に対する自発性の勢力、ある
いは、感性的世界の中に何らかの一つの意図を造形する能力（PP1, 1967, p.314）
だと指摘しています。つまり、逆に言うと、何気もなく現実の世界において生
きることを営んでいる者は、そうした**自発性の勢力や意図を造形する能力を備
えていて、それを無自覚ながら常に発揮しながらつつがなく他者とも関わりな
がら生を営んでいる**ことになります。そうした現象的身体の働き方についてメ
ルロ゠ポンティは以下のように論じています。

　　　意識の生活（認識生活、欲望の生活、あるいは知覚生活）には、一つの
　　〈志向弓〉（arc intentionnel）が張り渡されていて、これがわれわれのまわり
　　に、われわれの過去や未来や人間的環境、物的状況、観念的状況、精神的
　　状況を投射し、あるいはむしろ、われわれをこれらすべての関係のもとに
　　状況づけているのである。この志向弓こそが感官の統一を、感官と知性と
　　の統一を、また感受性と運動性の統一をつくるのであり、これこそが疾病
　　の場合に〈弛緩〉するのである。　　　　　　　　　　　（PP1, 1967, p.229）

　志向弓についての論点をより明確にするために簡条書きでまとめると、以下
のようになります。

　5　『行動の構造』では、第2章第2節（pp.101-146）、『知覚の現象学』では、第1部の第3章
　　（pp.172-246）と第5章（pp.256-285）で主題的に取り上げられています。木田（1984）で
　　は、第3章の4（pp.132-148）で同患者の症例を紹介しながらメルロ゠ポンティの議論をた
　　どっています。

1．わたしたちの意識の生には、無自覚ながら常に志向弓が張り渡されている。
2．志向弓は、わたしたちの周りに、わたしたちの過去や未来や人間的環境、物的状況、観念的状況、精神的状況を投射している。あるいはむしろ、わたしたちをこれらすべての関係の下に状況づけている。
3．志向弓こそが、感官の統一を、感官と知性との統一を、また感受性と運動性の統一をつくる。

　このように志向弓はわたしたちの**意識の生を広範に統一するもの**となっています。すなわち、わたしたちが、自身を取り巻く世界を知覚するとき、あるいは世界を経験するとき、また、何かを考えるときや、何かを欲求するときなど、わたしたちの**意識が何らかの作動をするときにその背後で常に志向弓が張り渡されていて、そのように作動しているその「わたし」を「わたしたちの過去や未来や人間的環境、物的状況、観念的状況、精神的状況」に状況づけてくれている**のです。
　志向弓も、わたしたちの意識の下に潜在するものと見られますが、やはり意識の働きです。意識のこうした働きは、**個別で具体的な意識の作動下にある「わたし」をより広範な「わたし」の文脈に結びつけている**と見ることができます。そのようなものとして志向弓は、主体の現実の活動の脈絡において、ある行動を促したり別の行動を抑制したり、何かに目を向けたり見向きもしなかったり、誰かに近づいたり離れたりなどする要因となります。そして、常にわたしの世界経験の中心にいる「わたし」は、絶えることなく世界をゲシュタルト化しながら世界を経験し続けているわけですが、**志向弓がその背後に張り渡されることで、どのシーンにおいてもほかでもない「わたし」自身の生をあるいは「わたし」らしい生を営むまさに当事者となる**のです。
　各々の当事者がこのように生を営むことができるその根源は何でしょう。社会性動物の一種である人間は、社会というサードオーダーのシステムを形成して集団的に生きることを営んでいます。そうした生きることの環境は個体として自然的に生きることの上につくられた「増設部」です。そして、人間においては、その「増設部」の上にさらに言語活動がそれ自体で行為を形成する言語

という領域を「建て増し」しました（1-1）。人間が生きることの世界がこのようになっているので、そこで生きる個人は、その個人史を通して備えることができた、ランガージュのシンボル的機能を含む機能しつつある志向性に駆動されて生の重要部分を営むこととなります。そのような中で志向弓は、わたしたち各々の「わたし」としての形成にこれまでも関わりながら、現在及び将来の「わたし」の維持と発展を支える、時空間を超えた「わたしの軸」となっていると見られます。そして、その志向弓自体も、実は「心を持った物体」として生を営むことを運命づけられたそれぞれの「わたし」において、「心を持った物体」としてすでに生を営んでいる他者たちとの接触と交流を通して、かれらから促されて形成されたものだと見られます。

3. メルロ＝ポンティとバフチン

3-1 バフチンのイントネーション論

「生活のなかの言葉と詩のなかの言葉」（バフチン, 2002）はバフチンによる最初の言語論考です[6]。同論考でバフチンは芸術の社会交通論、より具体的には文芸作品の社会交通論を展開しているわけですが、その前段階として紙幅の約半分を割いて生活の中の言葉について考察しています。バフチンの考察の関心は、生活の中の言葉がいかに人と人の間のつながりを仲立ちし得るのかです。バフチンは検討材料として、有名な「Tak!」（英語の"well"に近い）の例を出しています。以下のような例です。

> 二人が部屋にいる。黙りこくっている。ひとりが話す、「Tak!」と。もうひとりはなにも応えない。〔この場合のtakは英語のwellに近い〕

（バフチン, 2002, p.17）

---

6 この論考の原典は、ヴォロシノフ（Vološinov, V. N.）名で出版されていますが、現在でも諸説ありながらも、その真の著者はバフチンであると一般的に認識されています。邦訳でバフチン著とされているのは、そのような事情です。

もう少し、当事者によるこの契機の経験を再現してみましょう。場所はモスクワあるいはその近郊、時は５月です。部屋に男の人が２人いる。２人は窓の外を見やり、雪が降り出したのに気づきました。２人とも、もう５月で、普通ならとっくに春になるべきときだと知っていて、長引く冬にうんざりしています。そして春を待ち望む２人は季節外れの雪を窓の外に見てがっかりします。そのときに肩をすくめながら一方の口から出た言葉が「Tak!」です。

　このときの「Tak!」は、十分に意味に満ちており、十分に完結しているとバフチンは言います。では、なぜ「Tak!」が十分に意味に満ちているのでしょうか。バフチンによると、２人の間で言語外のコンテクストが共有されているからです。

> 「ともに見えているもの」（窓の外に舞い散る雪）、「ともに知っていること」（時は５月）、「評価が一致しているもの」（うんざりする冬、待ち遠しい春）――に、発話は直接に立脚しており、こうしたことすべてが発話の生きた動的な意味によって捉えられ、発話のなかに吸い込まれている…、こうしたことすべては「tak」という言葉によって言外に示されている。
>
> （バフチン, 2002, pp.18-19）

　「ともに見えているもの」、「ともに知っていること」、「評価が一致しているもの」などに発話は直接に立脚しており、それらはすべて「発話の生きた動的な意味によって捉えられ、発話のなかに吸い込まれている」とバフチンは言います。こうしたことすべては「Tak!」によって言外に示されているのです。

　では、そうした発話の立脚点はどのように発話の生きた動的な意味によって捉えられ発話の中に吸い込まれるのでしょうか。なぜ、「Tak!」によって言外に示され得るのでしょうか。バフチンは言及していませんが、その根本には、2-1で論じたように、**当事者が互いを心を持った物体と見ている**ことがあります。そうした前提の上で、バフチンは、イントネーションに注目します。バフチンは「Tak!」が発せられたときのイントネーションを「憤然として非難しているものの一種のユーモアでやわらげられているイントネーション」（バフチン, 2002, p.18）と説明しています。

バフチンはイントネーションについて一般的に次のような見解を提示しています。

　　　イントネーションはつねに、言語的なものと非言語的なもの、言われたことと言われなかったことの境界上にある。イントネーションにおいては、言葉は生活と直接に接している。またなによりもまず、まさにイントネーションにおいて、話し手と聞き手は接している。イントネーションはとりわけ社会的である。　　　　　　　　　　（バフチン, 2002, pp.24-25）

　最後の「社会的」というのは、「人と人をつなぎ合わせて橋渡しする」というような意味です。つまり、バフチンの考えでは、イントネーションこそが発話を取り巻く状況と雰囲気を直截に反映し、話し手と聞き手の橋渡しをするものであり、**イントネーションにおいてこそ発話は共同的な生活＝生きることの営みと接することができる**のです。そして、そのようなイントネーションは、**言語的なもの**（＝発話）**と非言語的なもの**（＝生きることの経験）、**及び、言われたこと**（＝発話を構成する言葉）**と言われなかったこと**（＝発話を構成する言葉にならなかったもの）**の境界上にある**ものなのです。すなわち、一連の音声として発せられる発話は、実際にはイントネーションという音声的な全体性と融合しています。発話を構成する具体的な言葉はそうしたイントネーションの全体性の中から浮上してくるものです。そして、重要なことは、上の「Tak!」の例が示しているように、**イントネーションは、発話の言葉によって示される事態の他にも、その発話を行った当事者のその現場での知覚や世界経験、そして評価的態度などを豊かに浸み込ませている**ということです。そのように**イントネーションに染められて行使され交換される発話こそが真に生きた発話**だとバフチンは見ています。

　さらに重要なことは、言葉によって明示的に示されることはないが有意味的なものの徴表となっているという意味で、**イントネーションと身振りを同列のものとして**バフチンが論じていることです（バフチン, 2002, pp.28-29）。バフチンの言う身振りはメルロ＝ポンティの言う所作に対応します。つまり、バフチンは、メルロ＝ポンティの言う言語的所作をさらにイントネーションとその上

に浮上する言葉に分けて論じ、**イントネーションには人として生きることの息吹が吹き込まれ**ており、そのようなイントネーションを**わたしたちを言語という領域に導く移行装置**と見ているのです[7]。そうしたイントネーションが他の身振りすなわち身体の所作と密接に連動していることは言うまでもありません[8]。

3-2　イントネーションとゲシュタルト

バフチンは、イントネーションと評価に関して次のように論じています。

> 本質的な評価は、言葉の内容にはまったく含まれておらず、そこからは引きだせない…。評価がもっとも純粋に表現されるのは、イントネーションにおいてである。
> （バフチン, 2002, p.23）

つまり、発話の中の言葉で示されることは常に、イントネーションで示される評価に包まれて在り、成り立っているということです。逆に言うと、**イントネーションのないところに言葉も意味も生息することはない**ということです。すなわち、**発話を包んでいるイントネーションこそが発話の総体的なゲシュタルト**となり、イントネーションはそうしたゲシュタルトとして、現下の生きることの息吹を言葉にまで吹き込んでいるわけです。イントネーションは、**言語的所作の意識化されない基底を形成し、それがその契機の生きることの息吹を言語的所作の各要素に吹き込んで立ち現せている**のです。

以上の議論で明らかなように、イントネーションに包まれて表出される発話は身体図式の一部です。メルロ＝ポンティの身体論的言語観は、イントネー

7　西口（2021）では、「生活のなかの言葉と詩のなかの言葉」（バフチン, 2002）をめぐって生きること（ロシア語では"zhizn"、英語の"life"に対応する。フランス語の"vie"も同様）という語に注目しながらバフチンのイントネーション論を詳細に検討して、そのような見解を提示しています。同論考（本書巻末に附録として掲載）では、そのバフチン論考を、優れた芸術の社会交通論であると同時に、後の対話という見方の原型と対話原理の原点が見出せるものとして評価しています。
8　言語の発生状況では、所作が主で言語的所作が従となりますが、言語という領域で生を営むようになると言語的所作が主で、それ以外の所作はむしろ従になるという点には注意が必要です。

ションを媒介項としてかれの身体性の哲学としっかりと結びつくこととなります。

4. わたしたちが発話をするとき

4-1　発話の2つの先行因

　ランガージュのシンボル的機能をその一部として含む機能しつつある志向性の話や人間というオートポイエーシス組織によるコレオグラフィという話は、バフチンやホルクウィストの対話原理へと接続することができます。

　バフチンの対話原理の中の主要概念の一つである**応信性**（addressivity）についての議論では、多くの場合、「どの発話も必ず誰かに向けられている」や「誰にも向けられていない発話はない」のように、発話が誰かに宛てられているという性質が強調されます（バフチン, 1988a, p.180やpp.187-188など）。それに対しホルクウィストは、むしろ、発話は「つねに、先行するさまざまな拘束を相手になされる」（ホルクウィスト, 1994, p.87）という側面に注目して応信性について議論しています。

　バフチンの言う発話は「能動的であり、実践されるもの」です（ホルクウィスト, 1994, p.87）。そして、発話は、『講義』でのソシュールが言うように完全に自由な選択行為ではありません。発話のすべての局面は、**特定の話者が特定の意味を伝達する局所的必要性**（the local need of a particular speaker to communicate a specific meaning）と、**一般的システムとしての言語の総体的要請**（global requirements of language as a generalizing system）という2つの要因の交叉の下に実行されます（ホルクウィスト, 1994, p.87）。発話を拘束するこの2つの要因は一体何でしょう。ホルクウィストは以下のように論じています。以下の引用では、発話は言表となっています。

　　選択を拘束するものが明らかになる最初の現われは、言表はけっしてそれ自体、起源ではないという事実にある。言表はつねに応答なのである。言表はつねに、それに先行する別の言表に対する応答であり、それゆえ、

程度の差こそあれ、先行する言表につねに条件づけられ、そして逆にそれを特定のものにする。何か特定のことを意味するより先に、言表は話し手の応信性についての一般的状況を表す。それは、「つねにすでにそこにある」言語システムが先行しているだけでなく、私が、私が占める特定の場所に対して私が責任を負うことを必要ならしめる全存在も先行しているという状況である。　　　　（ホルクウィスト, 1994, p.87、筆者により一部改訳）

　対話原理の議論において、発話は何かへの応答であるということはしばしば言われます（バフチン, 1988a, p.173やp.175など）。しかしながら、その内実は必ずしも明らかではありませんでした。ホルクウィストはここで、発話が何かへの応答であるならば、何が発話に先行しているのかという問いを立てて、それに答えています。上の引用でホルクウィストは、実践される能動的な行為としての発話においては、**「つねにすでにそこにある」言語システム**と、**「私が占める特定の場所に対して私が責任を負うことを必要ならしめる全存在」**という2つの要因が先行していると言います。後者は、先の「特定の話者が特定の意味を伝達する局所的必要性」に対応するもので、前者の「つねにすでにそこにある」言語システムは、先の「一般的システムとしての言語の総体的要請」に対応するものです。次項と次々項では、この2つの要因について各々検討していきます。

4−2　第1の要因：「わたし」に宛てて送られる存在と出来事としての「わたし」

　ホルクウィストは、対話原理に基づく人間の存在についての見方を、人間の存在を**自己であるという出来事**（event of being a self）として見る見方として捉えています（ホルクウィスト, 1994, p.31）。「わたし」は、単に世界を受け取る郵便受けのようなものではなく、**「わたし」そのものが出来事**なのです（ホルクウィスト, 1994, p.70）。「わたし」という存在は、「わたし以外」もそこにいる世界に常に呼びかけられる存在であり、それらに応える存在です。そして、**世界の特定の場所にいて世界に応答し続ける絶え間ない行為がそのまま「わたし」を形づくる**のです。ホルクウィストは言います。

世界はわれわれに呼びかける。そして、われわれがどこまで応答可能で<ruby>アンサラブル</ruby>あるか、つまりどこまで呼びかけに応じられるか、その度合によってわれわれが人間として生きている度合も違ってくる。われわれは、応じるように強いられている、つまり世界に答えを返さざるをえないという意味で責任がある<ruby>レスポンシブル</ruby>。われわれひとりひとりが存在の中に、唯一のわれわれのものである場所を占める。私が存在にしめる場所の唯一性は、特権、バフチンが言うところの存在のアリバイであるどころか、もっとも深い意味における応答可能性（answerability、筆者注）である。その場所でのみ私は世界から呼びかけられる。私だけがそこにいるからだ。そしてそれだけでなく、われわれは生きているかぎり、応答を形成し続けなければならない。

　　　　　　　　　　（ホルクウィスト, 1994, pp.44-45、筆者により一部改訳）

　さらに、ホルクウィストは「世界（the world）」を一旦本源的な存在（existence）と言い替えて対話原理の人間存在論を以下のように総括しています。

　　ダイアロジズムは存在を出来事として視覚化することから始める。この出来事は、私が存在（existence、筆者注）の中に占める唯一の（それでいて変化し続ける）場所で存在が展開する際に、存在が呈する特定の状況に対して責任を負うという出来事である。存在は私に対して未定形の潜在的メッセージの奔流として発信される。…潜在的メッセージは、一部は原初的な生理学的刺激というかたちで、一部は自然言語というかたちで、一部は社会的コードもしくはイデオロギーとしてわれわれのところに達する。私は存在しているかぎり、特定の場所にいて、これらすべての刺激に対して応答しなくてはならない。その応答は、それらを無視するというかたちをとる時もあれば、意味づけ、つまりそのような表出から意味を生み出す──これは一種の作業であるので──というかたちをとる時もある。

　　　　　　　　　　　　（ホルクウィスト, 1994, p.69、筆者により一部改訳）

　ここに言う潜在的メッセージ（potential message）とは、「わたし」の意味づけ作業を待ちそれによって意味のあるものとなる可能性をもつものです。続い

て、先にも言及した、「わたし」は郵便受けのようなものではないという議論になり、応信性のことが論じられます。

　　存在を「私にあてて送られる」ものとして理解することは、私がちょうど手紙が投げ入れられる郵便受けのような、出来事が降りかかる受動的な容器であることを意味するのではない。応信性はむしろ、私が出来事であ・・・・・・・ること、つまり私が通り抜けるさまざまな世界から送られる言表に絶えず応答する出来事であることを意味する。　　　　（ホルクウィスト, 1994, p.70）

　存在はまだ意味づけられていない未定形のものです。そのような存在が「わたし」に宛てて送られたとき、「わたし」はそれを無視することもあるが、別の場合には、それを意味づけてそれに応答します。それが発話という行為、メルロ＝ポンティでは言葉＝パロールという行為です。そのようにして「わたし」は「わたし」が通り抜けるさまざまな世界から送られる言表に絶えず応答する出来事となるのです。

　ホルクウィストのこうした人間存在論は、人間を言語という領域で生きることを営む高度なオートポイエーシス組織だと見るマトゥラーナとバレーラの見方と重なります。また、ホルクウィストの応信性の議論は、メルロ＝ポンティが論じているように（第2章の3-1）、存在を経験世界へと転調しながらそこに浸透して生きることを営んでいる世界内存在としてのわたしたちの在り方を描き出しています。応信性についての議論をホルクウィストは次のように結んでいます。

　　応信性とは、表出性（expressivity）なのである。…ダイアロジズムにおいては生命とは表出である。表出とは意味の創出を意味する。意味は記号を媒介としてのみ生じる。これは存在のすべてのレヴェルにおいて真実である。何かが存在するのは、それが意味する場合にかぎられる。

　　　　　　　　　　　　　　　　　　　　　　（ホルクウィスト, 1994, p.71）

　以上のことから、発話に先行する第1の要因は、応信性に基づいて絶えるこ

となく表出を続ける「わたし」の意味づけを待つ未定形の潜在的メッセージの**奔流という存在**（existence）だということになります。

4-3　第2の要因：「つねにすでにそこにある」言語システム

　次に、発話の2つの先行因の第2の要因について検討します。

　ホルクウィストが一般的システムとしての言語の総体的要請と言っているように、第2の要因としての「つねにすでにそこにある」言語システムというのは、概略的に言うとラングです。しかし、それは、『講義』で言われているような静態的なもの（第3章の1-1）ではなく、むしろランガージュというシンボル的機構に包摂されたラングです（第4章の2-1）。そして、言語活動に従事するときわたしたちは「私の言語体系を全体として目ざしている」のであり、当事者にとっては「発話（パロール）と言語体系（ラング）の境界線を決めることはきわめて困難」です（MS, 1993, p.122）。また、それは、語彙や統辞などではなく、話し方の様式（第4章の3-1）やことばのジャンル（第4章の3-2）などの形で発話の生み出しに関与する要因です。では、この第2の要因と先の第1の要因は応信することにどのように関わるのでしょうか。

　人として生きることを営むわたしたちは、常に存在が呈する特定の状況、つまり未定形の潜在的メッセージの奔流の只中にあります。そのような中に何者かが現れて、意味ありげな態度や行為や言語的な音声をわたしに差し向けてくることがあります。第1の要因の発生です。そして、そんなときわたしたちは自ずとそれらに応答しようとして、それらを意味づけて定位して、応答としての発話を生み出して応えようとします。ここに第2の要因、すなわちランガージュに包摂されたラングが関与してきます。そのような契機でわたしたちは「話すそのつど、私の言語体系を全体として目ざし」ます（MS, 1993, p.122）。そして「わたし」において、差し向けられた言語的な音声を方位設定しつつ同時にいくつかの応答の言語的所作がさまざまな意識（自覚）レベルで活性化し、最終的に当該の契機に最もふさわしいものに収斂して、差し向けられた言語的な音声を画定し応答の発話を得ます。このように、特定の意味を伝達する局所的必要性が発生して、それと一般的システムとしての言語の総体的要請が合流することで、**存在に対する実存の応答としての発話が生み出される**ので

す[9]。そして、この過程の全体は、実は、機能しつつある志向性に埋め込まれたランガージュのシンボル的機能の働き方を示しています[10]。

4-4　メルロ＝ポンティにおけるランガージュ

わたしたちは、この世界の特定の場所に一個の世界内存在として置かれると、否応なしにそして現象的身体の自然な働きとして、その場所で、文化的に調律された知覚システムを働かせて、自身を取り巻く世界を知り、それに対して応答せざるを得ませんし、また自ずと応答しています。存在を引き受け世界に応答してこそ、わたしたちは世界と関わり、その世界内存在となるのです。世界内存在であるわたしたちはこのように実存的に生きることを常に要請されています。そして、実存的な存在というのは、**意味を帯びた存在の仕方で**あり、その存在は**言語的所作をその一部とする現象的身体のコレオグラフィに**よって示されます。さらに、そうした実存的に生きるということの中でも、**言語的所作を仲立ちとした存在の仕方がわたしたちの存在の枢要な部分**となっています。

一方、本書で注目してきた機能しつつある志向性は、世界内存在であるわたしたちが実存的に生きることの中心で働いています。そして、ラングの仲介を内包したランガージュというシンボル的機能は、そうした機能しつつある志向性の重要部分として、わたしたちが言語という領域で高度なオートポイエーシス組織としてあるいは成熟した一個人として生を営むことを支えています。また、そうした生きることの個々の契機の背後に志向弓が張り渡されることで、各主体は、どのシーンでも、ほかでもない自分自身の生をあるいは自分らしい生を営むまさに当事者となるのです。

9　ただし、それがそのまま外言として発話されることもありますが、内言にとどまる場合もあります。また、そうした働きは瞬間的かつ継続的で輻輳的に行われるので、わたしたちがその作動の産物を一つひとつ把捉することはひじょうに困難です。

10　応答の内言や外言が複合的つまり多声的になる場合（バフチン, 1988a, p.175）もあるわけですが、ここではそうした側面には触れていません。

エピローグ

　最後に、本書での議論を俯瞰的に眺めて、総括的にまとめてみたいと思います。

言語的所作

　社会性動物における身体の動きや所作や、顔や目の変化や、叫び声やうなり声などはしばしば意味を帯びて行われます。意味を帯びて行われるというのは、他の個体がそれに何らかの意味を付与して、自身の次の活動や行為をその意味に対応して調整するということです。有蹄類や霊長類などでは、そうした所作などの取り交わしを通じて集団としての活動のコーディネーションが行われています。そして、その種の所作などは、慣習化して、アナログながら活動を調整する特定の徴表となります。所作などが、集団としての集団のための徴表として沈殿を形成するわけです。**言語という領域**を発達させた人間においては、そうした所作などに加えて**言語的所作**が活動のコーディネーションのために用いられます。そして、他の所作と同じように、言語的所作も集団としての集団のための徴表として沈殿を形成します。メルロ＝ポンティが**話し方の様式**と呼び、バフチンが**ことばのジャンル**と呼んだものです。しかし、発達した人間の言語的所作は、その他の所作と異なる顕著な特徴をもっています。

当事者を中心に据えた言語現象と存在の記述

　言語的所作の顕著な特徴の基本は、それが**分節された構造**として沈殿をつくるということです。すなわち、言語的所作では、特定可能な要素、つまり語あるいは形態素があって、その要素の組み合わせとしてユニット、つまりわかりやすく言うと文が画定されて、それが意味を帯びた徴表の基本ユニットをなすということです。そして、言語的所作のそうした特徴から、それが**沈殿**してそれとして客体であるかのようにそれに目線が向けられると、言語的所作

のユニットは意味を有する対象であるかのように立ち現れます。そして、その要素も意味をもつ要素であるかのように立ち現れてくるのです。そのような目線は、現実の言語活動から「社会的部分」（『講義』p.27）を摘出し、『講義』の編者であるバイイとセシュエが言語研究の対象として注目した記号のシステムとしての言語、つまりラングに至る観察者の視点です。それは言語研究を進展させるためには一定の有効性があるわけですが、観察者視点で捉えられ記述された言語は、人と人の間の活動の調整やつながりの構成と共有や、そもそもの生きていることを営んでいる当事者の存在や当事者による世界経験に一切関与することができません。メルロ＝ポンティは、そうした静態的な言語観を乗り越えて、世界や人間の存在論にも関心を向けながら言語現象を記述しようとしたのです。メルロ＝ポンティがめざしたのは、観察者視点に基づく当事者不在の言語の捕捉と記述ではなく、**当事者を中心に据えた言語現象と存在の記述**です。

身体性の哲学

　そうしたメルロ＝ポンティの言語論の基本的視座は、人間を**世界内存在**として見ることです。そして、人間を世界内存在として見た上での次の重要視点は2つで、一つは、世界へと身を挺する世界内存在は世界をバラバラにではなく統一的に**一つの総体的な事実性**として経験していること、そして今一つは、そうした事実性の経験とそれを経験している当事者の身体はノエシス−ノエマとして相関していて切り離すことはできず、当事者の身体は**現象的身体**として経験を体現しているということです。後者は、メルロ＝ポンティの哲学が**身体性の哲学**と呼ばれる所以です。そして、言語をその他の意味を帯びた所作と同列に並べて言語的所作と捉えるのがメルロ＝ポンティの言語論の際立った特徴です。

身体性の言語論

　社会性動物において行動や所作が各々の個体と環境の関係においてのみ行われるのではなく、所作などを仲立ちとして個体間で活動が一定の形で調整されているということは、そこに原初的ではあるがすでに**意味**が発生しているとい

うことです。言語という領域を発達させた人間においては思考や心理や自覚的意識も働いているわけで、そのような人間は「心を持った物体」と見ていいでしょう。そして、人間の生き方としては、そうした**心を持った物体たちが意味の世界で特定の仕方で活動し振る舞いながら協働的に共同的な生きることに従事し生を営んでいる**わけです。そうした中で、心を持った物体である人間が示す有意味な所作や言語的所作をメルロ＝ポンティは**意味の世界の中でとる位置のとり方**と見立てています。すなわち、そこで起こっていることは、現象的身体による世界や経験の構造化あるいは転調、つまりゲシュタルト化であり、それと同期的な現象的身体自体のゲシュタルト化です。つまり、**現象的身体は、世界や経験を照準化すると同時にそれと連動して自身の身体や所作を照準化する**わけです。そして、その結果として、現象的身体の所作は、**わたしたちにおける世界や経験を示す徴表**となります。言語的な所作は、いわば現象的身体の延長です。そうした事情をメルロ＝ポンティは「**言語的所作は、語る主体にたいしてもそれを聴いている主体にたいしても、経験の或る一つの構造化、実存の或る一つの転調を実現するのであって、それはまさしく、私の身体の行動が私にとっても他者にとっても、私の周囲の事物に或る一つの意味を授与するのと相等しい**」（PP1, 1967, p.316）と説明しています。そして、そこで得られるゲシュタルトが客観的実在としての世界ではなく**人工的な文化的産物としての世界の構造**であることと**現象的身体の相互性**が、**間身体性に基づく他者理解**の道を切り拓きます。これが、メルロ＝ポンティの身体性の言語論の中心点です。

言語営為

　マトゥラーナとバレーラ（1997）は、かれらの本でかれらがしようとしていることは、わたしたちが存在すること（our being）と行うこと（our doing）と知ること（our knowing）が継ぎ目なく同時に起こっていることの重要な意味に気づくことで、その事実を一人ひとりが自身の問題として引き受けることだと言っています（マトゥラーナ＆バレーラ, 1997, p.27）。わたしたち一人ひとりは、この人間世界を構成している当事者です。そして、その当事者としてそれぞれ「わたし」の場所で、世界を知り、活動や行為を行い、存在しているのです。わたしたちが出会う他者も同じです。そこには、特定の形で存在することと世

界の立ち現れ方の分離不可能性が見られます。そして、その分離不可能性は、**知るという行為は同時に一つの世界を生起させる**ことを教えています。さらに、マトゥラーナとバレーラは、当事者性に関わって、著者であるかれらとかれらの本を現に読んでいる読者は一体何をしている（doing）のだろうと読者に問います。その問いにかれらは、言語活動、つまり想像的な対話という形での特殊な会話をしているのだと答えます。そして、かれらと読者がしている想像的な対話を含めて、**すべての考えること**（reflection）**は言語において行われる**と指摘します。以上のような議論を経てかれらは、**言語は、人間であることあるいは人間として存在すること**（being human）、**そして人間として活動すること**（being humanly active）**の固有の仕方**だと主張します（マトゥラーナ＆バレーラ, 1997, p.27）。

　こうしたマトゥラーナとバレーラの見方とメルロ＝ポンティの身体性の言語論をかけ合わせると、結局、**意味とは生命体が生きることに関わること**であって、いわばその存在理由だということになるでしょう。そして、わたしたち人間においては、言語は人として活動することの固有の仕方すなわち**言語営為**（languaging）であり、言語において世界を経験し、自身の存在を示し、また他者の存在を認めて応答することが人として生きることの枢要な部分をなすのです。

ラングの仲介を内包したランガージュのシンボル的機能を含む機能しつつある志向性

　身体性の哲学の下で、メルロ＝ポンティが特に注目し、本書で身体性の言語論と絡めて中心的に論じたのが、**機能しつつある志向性**です。一般にノエシス－ノエマ相関として説明される志向性（作用志向性）は、当事者の世界経験の全体性の一側面を採り上げて論じられています。しかし、本来世界内存在における経験は、**ぎっしり内容の詰まった統一的な総体としての事実性**です。そして、そうした**統一的な総体としての経験世界を絶えることなく生み出し続け、その統一性のままに経験させるのが機能しつつある志向性という意識による意識の生成機能**です。その結果として生み出されるのが、知覚野であり、世界のゲシュタルトであり、現象的身体です。また、そうした機能しつつある志向性

の基底部には**当事者独自の自発性の勢力や意図を造形する能力である志向弓**が張り渡されているとメルロ＝ポンティは見ています。

一方、仮にラングと呼び得る構成された構造はそれまでの言語営為の沈殿であり、ランガージュに内包される形でランガージュのヒューリスティックスに関与します。そして、ランガージュのヒューリスティックな機能は機能しつつある志向性の一部として働きます。こうした諸観点をかけ合わせると、世界内存在であるわたしたちは、**ぎっしり内容の詰まった事実性を生起し続ける、ラングの仲介を内包したランガージュのシンボル的機能を含む機能しつつある志向性に駆動されつつ、言葉を交わして周りの人とつながりながら、生きることに従事し、自らの自分らしい生を営んでいる存在**だということになります。

構成された構造であるラングと人類学における構造

言語営為において取り交わされる意味は、発話やディスコースを構成している言葉遣いに一定程度制約されながらの、**言語営為の現場に在る唯一の実存的意味**となります。言語営為に関与する当事者たちは相互承認的で相似的に実存的意味の相互了解を達成することはできますが、当事者であれ観察者であれ誰も、実存的意味を画定することはできません。実存的意味は客体的に説明できるものではなく、発話やディスコースと相関して意味のある現実の総体としてそこに在るものとしか言えません。

一方、仮にラングと呼んだものは、それまでの言語営為の沈殿です。ですから、それはいわば当面の構成された構造であって、決して固定的なものではなく、それ以降の言語営為の蓄積と沈殿によって常に変化の可能性にさらされています。

こうした構成された構造であるラングは、社会・集合的な観点と個人的な観点という2つの観点で捉えることができそうです。前者の観点は、当該の言語社会全体に目を向けて、そこで形成された沈殿としてラングを見る見方です。そうした見方では、社会に広く普及している話し方の様式に目を向けることができ、実際にメルロ＝ポンティはそうしているわけですが、その極では、『講義』に見られるような記号のシステムとしてのラングが焦点化される観点となります。それに対し、後者の観点では、当該の言語社会の具体的で限られた部

分で生きることを営んでいる個人において形成されている沈殿としてラングを見ます。この後者の観点は、性急な一般化や抽象化を拒んで、具体的な言語営為の現実に密着して言語に関する諸現象を究明しようとする方向です。バフチンの言うことばのジャンルや、ウィトゲンシュタインの言う生活形式とその運営としての言語ゲームなどの議論は、そうした構成された構造をめぐるこうした議論と見ることができます。そして、そのような構造をめぐる議論は、社会学や人類学における構造の概念をめぐる議論と密接に関連していると思われますが、このテーマについての筆者の考えはまだ十分に熟していませんので、ここでは指摘するのみにとどめたいと思います。

おわりに

　最後に、筆者の教育的関心である第二言語教育にメルロ＝ポンティの言語論がどのような示唆を与えているかについて少しだけ述べたいと思います。

　わたしたちは演劇を鑑賞するとき、舞台上の主人公があたかも目の前にいて、そこで他の人物やそこで展開している世界と関わってさまざまな経験をし、そして笑ったり怒ったり、喜んだり悲しんだりするのを目撃します。舞台上の役者は、まるで主人公が憑依したかのようにストーリーの各局面で主人公の所作と言語的所作のすべて、つまり現象的身体を自らの身体で創り出しているわけで、それは、役者がつくり出している身体が、実際にはそこにはいない人物とその世界経験や感情や人格を舞台上に創り出している状況です。演劇の例は、現象的身体がその身体の経験等を「引き連れてくる」ことを示す格好の例です。しかし、現象的身体ともともとの身体の当事者が分離するのは演劇の場合での特殊な現象です。現実世界においては、「わたし」の振る舞いのすべてと存在の当事者である「わたし」は一体になっており、切り離すことができません。

　わたしにおけるすべての世界経験と、言語的所作を含む「わたし」の振る舞いのすべては、ラングの仲介を内包したランガージュのシンボル的機能を含む機能しつつある志向性に駆動されつつ、「わたし」において相関的に立ち現れてきます。他者においても同様です。そして、わたしたちはそのような振る舞いを取り交わすことで協働的に現実を構成し共同的にその現実を生きています。メルロ＝ポンティの言語観に準じて言うと、第二言語教育とは、新たな「機能しつつある志向性とともに作動する、ラングの仲介を内包したランガージュのシンボル的機能」を各々の学習者に育成することとなります。言語教育において従来から採用されている文型・文法事項や語彙などの言語事項を取り立てて指導するという教育方略や、実用的なコミュニケーションの仕方とそれに関与する実用的な表現を指導するという教育方略はいずれも、学習者をあら

かじめ「言語学習に従事する者」という立場におき、その立場において新たな言語の操作をさせ、習得させようという方略です。しかし、そのような状況で活動に従事しているかぎり、学習者は現実の当事者として機能しつつある志向性やシンボル的機能を作動させて言語活動に従事することはできません。メルロ＝ポンティの身体性の言語論は、学習者を「言語学習に従事する者」という枠づけられた立場におくのではなく、実際の言語活動に従事する当事者としながら言語の上達を支援し促進することはできないかと言語教育者に問うているようです。ただし、自身の言語文化環境においてすでに思考も言語も発達させ、教養ある人として人格も形成している第二言語学習者が、その人格を十全に発揮して一気に新たな言語で言語活動に従事しようとする、あるいはそのようなことをさせようとするのは無理なことでしょう。そういう意味で言うと、学習者が各々自分であることを維持しつつ可能な言語活動に従事しながら言語を上達させるという方略を採るほかありません。それは、新たな言語の習得経路の各段階で未知の語や表現や表現方法の複雑さなどが学習者が言語活動の当事者として言語活動に従事することを阻害することがないように、教育の企画や教材の制作を行い、具体的な教授実践でもそうした側面を慎重に調整しながら活動を計画し実際の授業を運営する教育方略となります。

　本書の執筆にあたり、門倉正美さん（元横浜国立大学）には哲学専門の立場からさまざまなご教示をいただきました。原稿にも詳細なコメントと修正のアドバイスをくださり、内容も表現方法も大いに改善することができました。また、落合由治さん（台湾淡江大学、テクスト言語学、メディア研究）と佐川祥予さん（静岡大学、ナラティブ研究）もそれぞれのご専門の立場から原稿を見てくださり、原稿修正のための有益なコメントをくださいました。トランスリンガリズムを研究しバフチンやメルロ＝ポンティにも関心を寄せる林貴哉くんは、原稿を通して見て、わかりにくい部分や説明が不十分な用語などについて指摘してくれ、わかりやすさの面での改善のきっかけをくれました。拙稿を見てくださり、フィードバックをくれた皆さんにこの場を借りて、心からお礼を申し上げます。本書出版の機会を与えてくださった福村出版の宮下基幸社長、前著に続いて迅速かつ正確に編集を進めてくださった小山光さんに感謝を申し上げ

ます。そして、最後になりましたが、いいものを書きたいとの一心で原稿と格闘する筆者をいつも温かく見守り支えてくれる連れ合いの美香と、筆者の研究の話をいつも興味深く聞いてくれる遼に感謝します。ありがとう。

参考文献

□ メルロ＝ポンティの著作

・文献末尾の「※」の注記は本書内での略記法で、そのイニシャルと邦訳出版年で文献を示している。

メルロ＝ポンティ, M.（1964）『行動の構造』滝浦静雄・木田元訳、みすず書房. ※SC

メルロ＝ポンティ, M.（1966）『眼と精神』滝浦静雄・木田元訳、みすず書房. ※OE

メルロ＝ポンティ, M.（1967）『知覚の現象学1』竹内芳郎・小木貞孝訳、みすず書房. ※PP1

メルロ＝ポンティ, M.（1974）『知覚の現象学2』竹内芳郎・木田元・宮本忠雄訳、みすず書房. ※PP2

メルロ＝ポンティ, M.（1969）『シーニュ1』竹内芳郎監訳、みすず書房. ※S1

メルロ＝ポンティ, M.（1970）『シーニュ2』竹内芳郎監訳、みすず書房. ※S2

メルロ＝ポンティ, M.（1979）『世界の散文』滝浦静雄・木田元共訳、みすず書房. ※PM

メルロ＝ポンティ, M.（1989）『見えるものと見えないもの』滝浦静雄・木田元共訳、みすず書房. ※VI

メルロ＝ポンティ, M.（1993）『意識と言語の獲得——ソルボンヌ講義1』木田元・鯨岡峻訳、みすず書房. ※MS

メルロ＝ポンティ, M.（1999）『メルロ＝ポンティ・コレクション』中山元編訳、筑摩書房.

メルロ＝ポンティ, M.（2001）『メルロ＝ポンティ・コレクション3　幼児の対人関係』木田元編、木田元・滝浦静雄訳、みすず書房.

Merleau-Ponty, M. (1945) *Phénoménologie de la perception*. Paris: Gallimard.

Merleau-Ponty, M. (1960) *Signes*. Paris: Gallimard.

Merleau-Ponty, M. (1969) *La Prose du monde*. Paris: Gallimard.

□ 邦文文献

ヴァレラ, F.（1999）「オートポイエーシスと現象学」岩見徳夫訳、『現代思想』Vol.27-4、pp.80-93.

ヴァレラ, F.、トンプソン, E.、ロッシュ, E.（2001）『身体化された心——仏教思想からのエナクティブ・アプローチ』田中康靖夫訳、工作舎.

ヴィゴツキー, L. S.（2001）『思考と言語 新訳版』柴田義松訳、新読書社.

ヴィゴツキー, L. S.（2003）『「発達の最近接領域」の理論——教授・学習過程における子どもの発達』土井捷三・神谷栄司訳、三学出版.

小熊正久（2009）「メルロ＝ポンティとバレーラ——運動的志向性と身体の概念を中心に」『山形大学紀要（人文科学）』第16巻第4号、pp.1-27.

カッシーラー, E.（1989）『シンボル形式の哲学1　言語』生松敬三・木田元訳、岩波書店.

ガブリエル, M.（2020）『新実存主義』廣瀬覚訳、岩波書店.

河本英夫（2000a）『オートポイエーシス2001──日々新たに目覚めるために』新曜社.

河本英夫（2000b）『オートポイエーシスの拡張』青土社.

河本英夫（2002）『メタモルフォーゼ──オートポイエーシスの革新』青土社.

木田元（1970）『現象学』岩波書店.

木田元（1984）『メルロ＝ポンティの思想』岩波書店.

木田元（1991）『現代の哲学』講談社.

木田元（1993）『ハイデガーの思想』岩波書店.

木田元（2000）『反哲学史』講談社.

木田元（2007）『反哲学入門』新潮社.

桑野隆（2020）『増補 バフチン──カーニヴァル・対話・笑い』平凡社.

桑野隆（2021）『生きることとしてのダイアローグ──バフチン対話思想のエッセンス』岩波書店.

ジェインズ, J.（2005）『神々の沈黙 ── 意識の誕生と文明の興亡』柴田裕之訳、紀伊國屋書店.

下西風澄（2018）「生命と意識の行為論──フランシスコ・ヴァレラのエナクティブ主義と現象学」東京大学大学院情報学環紀要『情報学研究：学環』No.89、pp.83-97.

ソシュール, F.（1972）『一般言語学講義』小林英夫訳、岩波書店.

ソシュール, F.（2003）『フェルディナン・ド・ソシュール 一般言語学第三回講義──コンスタンタンによる講義記録』相原奈津江・秋津伶訳、エディット・パルク.

ソシュール, F.（2006）『フェルディナン・ド・ソシュール 一般言語学第二回講義──リードランジェ／パトワによる講義記録』小松英輔編、相原奈津江・秋津伶訳、エディット・パルク.

ソシュール, F.（2008）『フェルディナン・ド・ソシュール 一般言語学第一回講義──リードランジェによる講義記録』小松英輔編、相原奈津江・秋津伶訳、エディット・パルク.

互盛央（2009）『フェルディナン・ド・ソシュール──〈言語学〉の孤独、「一般言語学」の夢』作品社.

高橋隆（1987）「メルロ＝ポンティの言語論」『平安女学院短期大学紀要』第18号、pp.18-32.

円谷裕二（2014）『知覚・言語・存在──メルロ＝ポンティ哲学との対話』九州大学出版会.

デュルケム, E.（1978）『社会学的方法の規準』宮島喬訳、岩波書店.

西口光一（2013）『第二言語教育におけるバフチン的視点──第二言語教育学の基盤として』くろしお出版.

西口光一（2015）『対話原理と第二言語の習得と教育──第二言語教育におけるバフチン的アプローチ』くろしお出版.

西口光一（2020a）『新次元の日本語教育の理論と企画と実践──第二言語教育学と表現活動中心のアプローチ』くろしお出版.

西口光一（2020b）『第二言語教育のためのことば学──人文・社会科学から読み解く対話論

的な言語観』福村出版.

西口光一編（2020c）『思考と言語の実践活動へ——日本語教育における表現活動の意義と可能性』ココ出版.

西口光一（2021）「対話の原型と対話原理の原点——『生活のなかの言葉と詩のなかの言葉』におけるイントネーション」『多文化社会と留学生交流』第25号、pp.1-12.

ハイデッガー, M.（1994）『存在と時間 上』細谷貞雄訳、筑摩書房.

ハイデッガー, M.（1994）『存在と時間 下』細谷貞雄訳、筑摩書房.

ハイデッガー, M.（1997）『「ヒューマニズム」について——パリのジャン・ボーフレに宛てた書簡』渡邊二郎訳、筑摩書房.

バフチン, M. M.（1980）『言語と文化の記号論——マルクス主義と言語の哲学』北岡誠司訳、新時代社.

バフチン, M. M.（1988a）「ことばのジャンル」佐々木寛訳、『ことば 対話 テキスト』新谷敬三郎・伊東一郎・佐々木寛訳、新時代社.

バフチン, M. M.（1988b）「ドストエフスキー論の改稿によせて」伊東一郎訳、『ことば 対話 テキスト』新谷敬三郎・伊東一郎・佐々木寛訳、新時代社.

バフチン, M. M.（1989）『マルクス主義と言語哲学 改訳版——言語学における社会学的方法の基本的問題』桑野隆訳、未來社.

バフチン, M. M.（1995）『ドストエフスキーの詩学』望月哲男・鈴木淳一訳、筑摩書房.

バフチン, M. M.（1996）『小説の言葉』伊東一郎訳、平凡社.

バフチン, M. M.（2002）「生活のなかの言葉と詩のなかの言葉——社会学的詩学の問題によせて」桑野隆訳、『バフチン言語論入門』桑野隆・小林潔編訳、せりか書房.

バフチン, M. M.（2013）『ドストエフスキーの創作の問題』桑野隆訳、平凡社.

フィンク, O.（1982）「エトムント・フッサールの現象学の問題」、『フッサールの現象学』新田義弘・小池稔訳、以文社.

フッサール, E.（1979）『イデーン——純粋現象学と現象学的哲学のための諸構想 I-1』渡辺二郎訳、みすず書房.

フッサール, E.（1984）『イデーン——純粋現象学と現象学的哲学のための諸構想 I-2』渡辺二郎訳、みすず書房.

フッサール, E.（1995）『ヨーロッパ諸学の危機と超越論的現象学』細谷恒夫・木田元訳、中央公論新社.

フッサール, E.（2015）『形式論理学と超越論的論理学』立松弘孝訳、みすず書房.

ヘーゲル, G. W. F.（1998）『精神現象学』長谷川宏訳、作品社.

松葉祥一・本郷均・廣瀬浩司編（2018）『メルロ＝ポンティ読本』法政大学出版局.

マトゥラーナ, H.、ヴァレラ, F. J.（1991）『オートポイエーシス——生命システムとはなにか』河本英夫訳、国文社.

マトゥラーナ, H.、バレーラ, F.（1997）『知恵の樹——生きている世界はどのようにして生まれるのか』管啓次郎訳、筑摩書房.

マルクス, K.（1964）『経済学・哲学草稿』城塚登・田中吉六訳、岩波書店.

マルクス／エンゲルス（2002）『新編輯版 ドイツ・イデオロギー』廣松渉編訳、小林昌人補

　　訳、岩波書店.

丸山圭三郎（1981）『ソシュールの思想』岩波書店.

丸山圭三郎（1983）『ソシュールを読む』岩波書店.

丸山圭三郎（1984）『文化のフェティシズム』勁草書房.

丸山圭三郎（1990）『言葉・狂気・エロス──無意識の深みにうごめくもの』講談社.

森脇善明（2000）『メルロ＝ポンティ哲学研究──知覚の現象学から肉の存在論へ』晃洋書
　　房.

鷲田清一（1997）『メルロ＝ポンティ──可逆性』講談社.

□ 外国語文献

・必要と思われる文献情報を文献末尾に「※」で補記した.

Berger, P. L. (1967) *The Sacred Canopy: Elements of Sociological Theory of Religion*. New York:
　　Anchor Press Books. バーガー, P. L. 著、薗田稔訳（1979）『聖なる天蓋──神聖世界の
　　社会学』新曜社、薗田稔訳（2018）『聖なる天蓋──神聖世界の社会学』筑摩書房.

Berger, P. L. and Luckmann, T. (1966) *The Social Construction of Reality: A Treatise in the
　　Sociology of Knowledge*. New York: Anchor Books. バーガー, P. L. ＆ルックマン, T. 著、山
　　口節郎訳（2003）『現実の社会的構成──知識社会学論考』新曜社.

Clark, H. H. and Wilkes-Gibbs, D. (1986) Referring as a collaborative process. *Cognition*, 22(1):
　　1-39.

Gabriel, M. (2015) *Why the World Does not Exist*. Cambridge and Malden, MA: Polity Press. ガ
　　ブリエル, M. 著、清水一浩訳（2018）『なぜ世界は存在しないのか』講談社.

García, O. and Li Wei (2014) *Translanguaging: Language, Bilingualism and Education*. London:
　　Palgrave MacMillan.

Goffman, E. (1959) *Representation of Self in Everyday Life*. London: Penguin. ゴッフマン, E. 著、
　　石黒毅訳（1974）『行為と演技──日常生活における自己呈示』誠信書房.

Holland, D., Lachicotte Jr., W., Skinner, D. and Cain, C.（1998）*Identity and Agency in Cultural
　　Worlds*. Cambridge, MA.: Harvard University Press.

Holquist, M. (1990) *Dialogism*. London: Routledge. ホルクウィスト, M. 著、伊藤誓訳（1994）
　　『ダイアローグの思想──ミハイル・バフチンの可能性』法政大学出版局.

Jacoby, S. and Ochs, E. (1995) Co-construction: An introduction. *Research on Language and
　　Social Interaction*, 28: 171-183.

Maturana, H. and Varela, F. (1998) *The Tree of Knowledge: The Biological Roots of Human
　　Understanding*. Boston and London: Shambhala. ※マトゥラーナ＆バレーラ（1997）の
　　原書

Nishiguchi, K. (2017) Sociocultural and dialogical perspectives on language and communicative
　　activity for second language education. *Journal of Japanese Linguistics*, 33: 5-13.

Ong, W. J. (1982) *Orality and Literacy: The Technologizing of the Word*. London: Routledge. オ
　　ング, W. J. 著、桜井直文・林正寛・糟谷啓介訳（1991）『声の文化と文字の文化』藤原書
　　店.

Reed, E. S. (1996) *Encountering the World: Toward an Ecological Psychology*. New York: Oxford University Press.　リード, E. S. 著、細田直哉訳、佐々木正人監修（2000）『アフォーダンスの心理学──生態心理学への道』新曜社.

Saussure, F. de (1975) *Cours de linguistique générale*. Paris: Payot.

Saussure, F. de (2013) *Course in General Linguistics*. Harris, R. (trans.). London: Bloomsbury.

Vološinov, V. N. (1973) *Marxism and the Philosophy of Language*. Matejka, L. and Titunik, I. R. (trans.). Cambridge, MA: Harvard University Press.　※原典はロシア語。バフチン（1980）、バフチン（1989）に対応する英訳版

附録

対話の原型と対話原理の原点
―「生活のなかの言葉と詩のなかの言葉」におけるイントネーション―

要　旨

　バフチンの対話原理は、言語哲学の側面と文芸研究理論の側面を有しており、両者が渾然一体となっている。本稿は、言語哲学の側面を中心に対話原理を探究する試みの一部である。本稿では、バフチンが生活の中の言葉の社会的交通性を綿密に論じ、文学の中の言葉もそのように社会的交通にあるものとして芸術（文学）の社会的交通論を展開している「生活のなかの言葉と詩のなかの言葉」（バフチン, 1926/2002）を採り上げるが、主に生活の中の言葉の社会的交通論に注目して、バフチンの議論を再解読する。同論考でバフチンは、イントネーションに注目し、生活における社会的交通は「コロス」に支えられたイントネーションの要因と「符牒」としての発話の要因が関与したヒューリスティックスとして運営されていると説明し、イントネーションが聞き手への志向と語られている対象への志向を生み出している事情を論じて、生活の中の言葉の社会的交通論を提示する。バフチンの発話の社会的交通論は十分に説得的ではあるが、イントネーションと発話に基づくヒューリスティックスと生活（ロシア語では"жизнь"）の関連が十分に論証されていない。本稿では、その主要な論点として、バフチンが論じるイントネーションに注目し、言葉を載せて運ぶ、生きることの息吹を内包したイントネーションが、われわれを物質的な領域から脱して人として生きる社会文化的領界に導いて、その世界で一つの人格として生きることを可能にしていること指摘する。

【キーワード】対話、対話原理、発話の社会的交通論、イントネーション、ヒューリスティックス

1. はじめに

　バフチンは、文芸研究者とも言語哲学者とも言われる。バフチン自身は自分のことをしいて言えば哲学者あるいは思想家であると言っており（桑野, 2020, pp.13-14）、バフチン研究者たちもバフチンをそのように位置づけている（ホルクウィスト, 1994; トドロフ, 2001; 桑野, 2020）。その思想の中核は、対話原理として知られているわけであるが、対話原理には言語の哲学と文芸研究の理論という2つの側面があり、両者がいわば渾然一体となっている。一方で、バフチンをめぐっては学校教育や言語教育さらにはカウンセリングなどの実践の分野で引き合いに出されることがますます多くなっている。そして、そこで注目されているのはバフチンの言語哲学の側面なのだが、そうした言語哲学としての対話原理の総体が十分に共通了解されないままに応用の議論が先行している観がある。

　筆者は第二言語の習得と習得支援という実践的な関心からバフチンの対話原理を一旦整理したが（西口, 2013）、それはプラグマティックな観点からの当面の整理であって、対話原理をクリティカルに論じたものとはなっていない。しかし、対話原理の実践への応用の可能性に以前にも増して関心が寄せられるようになった現在、言語哲学としての側面を中心に対話原理を改めて整理し直す必要があると思われる。本稿は、そうした問題意識の下での対話原理探究の試みの一部である。

　本稿ではバフチンの最初の研究的な論考である「生活のなかの言葉と詩のなかの言葉」（バフチン, 1926/2002、以降バフチン論考と呼ぶ。また、文献としてはこのように単にバフチンとして示す）に注目する。同論考でバフチンは言語哲学を絡めながら文学研究の社会学的方法を論じているが、邦訳で約50ページの論考にバフチンの生涯の視座となる対話原理の重要な諸視点が萌芽的な形ながら凝縮されていると見られるのである。本稿はこのバフチン論考を改めてクリティカルに検討し、バフチンの言う対話の原型とその中核及び対話原理の原点を示そうとする試みである。そして、最終的な議論の焦点は、イントネーションと絡めて言葉（発話）と生活の関係を考究することとなる。

まず、第2節で、バフチン論考で主要テーマとして論じられている生活の中の言葉を採り上げその特性を明らかにする。そこでは省略三段論法が重要な要因として提起される。一方で、議論の最終部でバフチンが「枠外」（バフチンp.23）と言っていることに注意を促す。第3節では、生活の中の言葉の特性に関わる重要な要因としてバフチンが論じているイントネーションをめぐる議論をたどる。そのイントネーション論では、コロスの支えとイントネーションによる二方向の定位が重要な視点として提起される。そして、イントネーションと身振りを並置して、それらの社会的評価とイントネーションの客観性と能動性を指摘した上で、評価のイントネーションを枢要な要因として生活の中の言葉の社会的交通の様態を説明している。続いて、バフチンは、生活の中の言葉について提示した「シナリオ」というメタファーを文学の中の言葉の場合にも当てはめて、評価のイントネーションに包まれる話し手と聞き手と対象の3者と文学の中の言葉の場合の作者と読者と主人公の3者を対応させて、芸術（文学）の社会的交通論を展開する。これについては第4節で簡潔に論じる。第5節では、本稿の焦点として、イントネーションと絡めて対話と生活の関係を考究する。バフチン論考の原典では、「生活」は"жизнь"（ローマ字表記では"zhizn"）となっている。"жизнь"は英語の"life"にあたる。ここで注意を要するのは「生活」という訳語である。「生活」という日本語は"жизнь"や"life"の意味を正確に反映していない。バフチン論考の文脈で"жизнь"や"life"をより適切に言うとすれば、「生きること」とでもするほかない。第5節ではこうした事情を踏まえながら対話と生活（жизнь）の関係を検討して本稿の主要テーマに迫っていく。

　議論を始めるにあたりいくつか注釈をしておく。まず、「生活のなかの言葉」と「詩のなかの言葉」についてである。バフチンは「生活のなかの言葉」の対比として「詩のなかの言葉」と言っているが、バフチンが言っている詩は、桑野（2020）も指摘しているように、文学一般を指している。その後のバフチンの対話原理の展開を見るならば、ここは文学に限定しないで学問などをも含めた文芸としたいところであるが、今回のバフチン論考に限るならば文学としておくのが適当である。また表記に関することだが、研究対象の邦訳では「生活のなかの言葉」というふうに開いた表記になっているが、本稿の地

の文では読みやすくするために「生活の中の言葉」や「文学の中の言葉」とする。後者が「文学の…」となっているのは上のような理解に基づく。今一つは、「言葉」と「発話」についてである。ロシア語では各々"слово"（slovo）と"высказывание"（vyskazyvaniye）で、前者は「言葉」や「語」となり、後者は「発話」で、バフチンの議論では対話的交通の単位を示す用語である。バフチン論考では微妙な使い分けが行われているが、本稿の目的においては両者の違いを取り立てて議論する必要はないので、おおむねバフチンの使い分けに準じた形で議論を進めていく。

2. 生活の中の言葉の特性

2-1　生活の中の言葉への注目
　バフチン論考は以下の一節から始まる。

> 　文学研究においては社会学的方法の適用は、**文学史**の問題の検討にほぼかぎられており、いわゆる**理論的詩学**の問題──芸術的形式やそのさまざまな契機、文体、その他にかかわる一連の問題──には、この方法はほとんど適用されていない。　　　　　（バフチン p.7、太字強調は原著、以下同様）

　社会学的方法の必要性が叫ばれ、一部で社会学的方法として適用の試みがなされているが、社会学的方法は文学研究の方法論として十分に展開されていないというわけである。こうした問題意識の下に同論考の課題をバフチンは以下のように定める。

> 　本論の課題は、詩的発話の形式を、言語を素材として実現されるこの特殊な美的交通の形式として理解しようとすることにある。だがそのためには、芸術の外部──つまり通常の生活のなかでのことば遣い──における発話のいくつかの側面をもう少し詳細に検討しておかなければならない。すでに日常生活のことば遣いのなかに、将来の芸術的形式の基礎、潜在力

（可能性）が宿されているからである。言葉の社会的本質がここではより
くっきりと明瞭に出ており、発話と周囲の社会的環境との結びつきが分析
しやすくなっている。　　　　（バフチンpp.15-16、傍点強調は筆者、以下同様）

こうして生活の中の言葉への注目が表明され、同論考の半分を越える中心部
で生活の中の言葉をめぐる議論が展開されるのである。

2-2　「生活の中の言葉」論の端緒

「生活の中の言葉」論をバフチンは以下のような一節から始める。

　　生活のなかの言葉がそれ自体で充足していないことは明白である。それ
　は言語外の生活状況のなかから生じ、生活状況とのきわめて緊密な結びつ
　きを保っている。そればかりか、言葉が生活そのものによって直接に補完
　されており、生活から切りはなされれば意味を失わざるをえない。

　　　　　　　　　　　　　　　　　　　　　　　　　　　　（バフチンp.16）

そして、有名な「tak」の例を検討材料として提示する。

　　二人が部屋にいる。黙りこくっている。ひとりが話す、「Tak！」と。も
　うひとりはなにも応えない。〔この場合のtak は英語のwell に近い〕

　　　　　　　　　　　　　（バフチンp.17、〔　〕内は訳者による補足、以下同様）

バフチンの説明によると、話の現場にいないわれわれにはこの「会話」は
まったく理解できない。かれは言う。「それだけを孤立させてとらえた発話
『tak』は空虚であり、まったく意味がない。だがにもかかわらず、…わずか一
語からなる、二人のこの独特なやりとりは、十分に意味に満ちており、十分に
完結している」（バフチンp.17）。そして、当事者たちによるこの会話を支えて
いるのは言語外のコンテクストであるとし、その言語外のコンテクストとして
次の3つの要因を挙げている。

(1) 話し手どうしに**共通する空間的視野**（見えているものの共通性──部屋、窓その他）

(2) 状況にかんする、双方に**共通する知識や理解**

(3) この状況にたいする、双方に**共通する評価**　　　　　　　（バフチン p.18）

そして、この3つの要因に従って、当該の会話の成立基盤を以下のように説明している。

> やりとりの瞬間、**双方の話し手は窓の外を見やり**、雪がふりだしたのに**気づいた。双方とも**、もう5月であり、とっくに春になるはずだということを**知っている**。さらに、**双方とも**、長引く冬に**うんざりしている。双方とも**、春を**待ち望み**、双方とも季節外れの降雪に**がっかりしている**。こうしたことすべて──「**ともに見えているもの**」（窓の外に舞い散る雪）、「**ともに知っていること**」（時は5月）、「**評価が一致しているもの**」（うんざりする冬、待ち遠しい春）──に、**発話は直接に立脚しており**、こうしたことすべてが発話の生きた動的な意味によって捉えられ、発話のなかに吸い込まれているのだが、ただしこの場合は、言葉で示されたり発話されたりはしないままになっている。雪は窓の外にのこり、日付は暦の紙の上にのこり、評価は話し手の心理のなかにのこっているが、こうしたことすべては「tak」という言葉によって**言外に示されている**。　　　（バフチン pp.18-19）

言うまでもないことと思われるが、この説明は、バフチンが読者に向けてこの「tak」の会話の状況を解説しているのではない。そうではなくて、こうしたことが会話の当事者においてあって、その上にこのわずか一言の「tak」の意味に満ちた完結したやり取りが成立していると説明しているのである。

「tak」というわずか1語で成立する会話を顕著な例として挙げて、言外に示されているものあるいは言語外の視野に注目して、生活の中の言葉が意味に満ちて成立する事情を、バフチンはいくつかの観点で説明しようとしている。その観点はおおむね以下の3つにまとめられる。

(1) 対話の連綿性

生活の中の言葉は、たいてい何かを指し示しているが、それよりもむしろ、「状況を積極的に引き継ぎ、発展させ、今後の行動の計画を示し、行動を組織することのほうが、はるかに多い」（バフチンp.19）。すなわち、後にバフチンが言っているように、発話はいずれも誰かに向けられており、向けられた相手における能動的応答的理解によって対話的に定位されて応答される（バフチン, 1952-53/1988）。いかなる発話も「途切れることのない言語コミュニケーションの一契機にすぎぬもの」（バフチン, 1929/1980, p.210）である。

(2) 社会的評価あるいは社会的視野の省略三段論法

バフチンは生活の中の発話の意味の総体を仮に、言語的に実現された（表に出された）部分と、言外に示されている部分、の2つに分けている。そして、生活の中の発話は省略三段論法になぞらえることができると言う（バフチンp.20）。三段論法の例は、以下の通りである。

三段論法

(a) すべての人間は死を免れない。（大前提）

(b) ソクラテスは人間である。（小前提）

(c) ゆえに、ソクラテスは死を免れない。（結論）

省略三段論法とは、三段論法の前提を省略した論法ということで、上の(a)や(b)を省略して(c)を述べるような論法であり、生活の中での発話の仕方はそのような論法になぞらえることができると言うのである。これはどういうことだろう。バフチンは以下の3点を挙げて説明している。

① 基本的な社会的評価の一致

生活の中の発話は状況の参加者同士を、その状況を同じように知り、理解し、評価している共参加者として常に結びつける（バフチンp.19）。

わたしが知っていたり、眼にしたり、欲したり、愛したりするものは、

言外に示されえない。われわれ話し手全員が知っていたり、眼にしたり、愛したり、認めており、われわれ皆が共通性を見いだしているものだけが、発話において言外に示されている部分となる。　（バフチン pp.20-21）

　第1文は実際には「私だけが知っていたり…」の意味で、対話の参加者たちが潜在的にであれなにがしかの共通の基本的な社会的視野や基本的な評価に包まれていてこそ、省略三段論法を伴いながら了解可能な発話ができるということである。省略三段論法と言うと、個人が展開する論理を想像してしまうかもしれないが、ここに言うのはそのような個人によるものでなく、共通の基本的な社会的評価に基づくいわば社会的な省略三段論法である。
　また、バフチンは基本的な社会的評価について次のように付言している。省略三段論法に関わる一つの重要論点である。

　　　生活環境の特徴から直接に生じてくるすべての基本的な社会的評価は、ふつう発話されない。それらはこのグループの全員の血肉となっているのである。それらは行動や行為を組織しており、相当する事物や現象といわば癒着している。それゆえに、特別な言語表現を必要としない。

（バフチン p.22）

　そして、こうした社会的評価は、「個人的な情緒ではなく、社会的に理に適った必然的行為になっている」（バフチン p.21）と言う。

② 基本的な社会的評価の上の個人的・心理的なもの
　では、発話で示される個人的な視点はどこに位置づけられるのだろうか。バフチンによると、個人的・心理的なものは、上の基本的な社会的評価の上でこそ現実のものとなって実現することができると言う。「個人的情緒のほうは、**倍音**としてのみ、社会的評価の**基本トーン**に伴うことができる。〈わたし〉は〈われわれ〉に依拠してはじめて、言葉のなかで自己を現実化できる」（バフチン p.21）のである。

③ 生活の中の言葉は「符牒」のようなもの

　バフチンは「生活のなかの言葉はすべて、客観的・社会的な省略三段論法となっている。これは、おなじ社会的視野に所属している者だけが知っている『符牒』のようなものである。生活のなかの発話の特徴は、発話が言語外の生活のコンテクストのなかへ無数の糸で編み込まれており、そこから抜きだされるとほぼ完全に意味を失ってしまう点にある。それらの発話の身近な生活上のコンテクストを知らずしては、理解できない」（バフチンp.21）と言っている。「符牒」はいくらそれを眺めて知ろうとしても、それが何を示しているのかはわからない。一方で、生活の中の言語活動に従事する者は、上でも言及したように、多かれ少なかれ同じ社会的視野に属している。生活の中の言葉が「符牒」だというのは、評価的な側面をも含めた可能な共通の社会的視野と発せられた「符牒」の意味の可能性を発話の行為を契機として「合算」しながら、現下の契機に当てはまる社会的視野とそれに整合的に嵌まる「符牒」という総体としての解にヒューリスティックに到達するという形で、われわれは生活の中の言語活動に従事しているということである。そして、その場合に、省略三段論法で前提が補助的に推論されなければならないように、社会的視野に属する多くの要因が総体としての解に至るために補充されるということである。

(3) イントネーション

　バフチンは、社会的視野や評価（社会的評価と個人的評価の両者を含む）というものの源泉をイントネーションに求めている。イントネーションによって社会的視野や評価が示され、評価的なイントネーションに包まれて発話は発せられ、評価的なイントネーションに包んで発せられた発話が了解されるということである。バフチンの説明は以下の通りである。

　　本質的な評価は、言葉の内容にはまったく含まれておらず、そこからは引きだせない…。評価がもっとも純粋に表現されるのは、イントネーションにおいてである。イントネーションは言葉と言語外コンテクストとを緊密にむすびあわせる。生きたイントネーションは言葉をいわば枠外に導き出す。
（バフチンp.23）

かくして、生活の中の言葉に関わる枢要な要因としてイントネーションが提起されるのである。そして、上の引用の最後の文中に言う「枠外」が、本稿第5節での議論の重要な論点となる。

3. イントネーション論

3-1　コロスの支えとイントネーション

　バフチン論考では、イントネーションが提起されて以降、邦訳で約10ページにわたって、イントネーションをめぐる議論が展開される。まず、イントネーション論を始める最初のページでバフチンは次のように高らかに主張する。

> 　**イントネーションはつねに、言語的なものと非言語的なもの、言われたことと言われなかったことの境界上にある**。イントネーションにおいては、言葉は生活と直接に接している。またなによりもまず、まさにイントネーションにおいて、話し手と聞き手は接している。イントネーションはとりわけ社会的である。
>
> （バフチンpp.24-25）

　バフチンのイントネーション論を解読するマスターキーは、ここに言う「生活」（ロシア語では"жизнь"（zhizn）、英語では"life"）の意味とその内包にある。その点についての先の「枠外」とも絡めた議論は第5節で行うこととして、イントネーションをめぐるバフチンの議論を引き続きたどっておこう。

　バフチンは上の引用の意味を「tak」の場合を例として以下のように説明する。

> 　この例ではイントネーションは、話し手どうしに共通する、春の渇望や長引く冬への不満から生じていた。イントネーションも、その基本的トーンの明晰さや確実さも、言外に示されている評価のこうした共通性に立脚していた。共感の雰囲気に包まれてイントネーションは、この基本的トー

148

ンの枠内で自在に分化することができた。 （バフチン p.25）

　バフチンは「基本的なトーン」や「共感の雰囲気」を古代ギリシア劇の合唱隊と結びつけて「コロスの支え」（バフチン p.25）と呼ぶ。「コロス」は現代語の「コーラス」の語源になっているもので、古代ギリシア劇のコロスは幕間で劇の背景や要約やテーマについての注釈をするのだが、その際立った特徴は劇中の一般大衆の代弁をしたり登場人物が劇中で語れなかったことを代弁したりすることである。バフチンはそのような特徴と結びつけてイントネーションの基底に「コロスの支え」があると言っているのである。観客はコロスに導かれそれに包まれるような感覚で劇の中に引き込まれて劇を鑑賞するのである。そして、生活の中の発話では、コロスに支えられたイントネーションが醸し出す基本的評価の共通性の上にあってこそ、発話は確信に満ちた豊かなイントネーションを響かせることができるとバフチンは言う。以下の引用では、バフチンは具体的に示される発話のイントネーションを、コロスの支えに包まれた基本的評価の共通性というカンバスに縫い込まれる刺繍に喩えている。

　　創造的で、確信に満ちた、豊かなイントネーションは、前提にされている「コロスの支え」を基礎にしてのみ可能である。それがない場合には、…それは、笑っている者が、笑っているのは自分ひとりであることにふと気づくといったような、よくあるケースに似ている。…**言外に示されている基本的評価の共通性とは、人間の生きた動的なことばがイントネーション模様を刺繍するカンヴァスなのである。** （バフチン pp.25-26）

3-2　イントネーションの二方向の定位

　イントネーションの背後に自覚されることはないが確実に響くコロスの支えを見て取ったバフチンは、さらに、そうしたイントネーションが聞き手を巻き込んでいるだけでなく、語られている対象にも能動的に向けられていることを指摘する。

　　「tak」という言葉のイントネーションには、生じていること（降雪）に

たいする受動的な不満だけでなく、能動的な憤激や非難もひびいていた。この非難は誰に向けられているのか。聞き手ではなく、誰かほかの者であることは明らかだ。イントネーションの動きのこの方向は、明らかに状況を外に開いており、**第三の参加者**に場所を提供している。非難は誰に向けられているのか。雪にだろうか。自然にだろうか。ことによると、運命にだろうか。

(バフチン p.26)

　以下の一節では、「コロスの支え」に包まれてイントネーションが息づいて、2つの方向への志向を生み出している状況がよく示されている。

　　この場合（「tak」の場合、筆者注）イントネーションは、発話の対象にたいする生きた動的な関係──具体化された実際の責任者たる対象に呼びかけはじめているような関係──をきずきつつある。しかも、聞き手──第二の参加者──は、**承認や同調者**になるよう訴えられているかのようである。

(バフチン pp.26-27)

3-3　イントネーション的隠喩

　こうしたコロスの支えの議論に続いて、バフチンはやや神秘主義的な議論を挿入する。このあたりが第5節の議論の焦点ともなる。

　　生活のなかの興奮したことばづかいにおける生きた動的なイントネーションのほとんどすべては、対象や事物の背後にいる生きた参加者たちや先導者たちに話しかけているかのように発せられる。それには、**人格化の傾向**が高度に備わっている。もしイントネーションが先の例のようにある程度のイロニーによってやわらげられておらず、それが素朴で直接的であるならば、そこからは神話的形象や、呪い、祈りなどが生まれる。文化の初期段階はそうであった。これにたいし先の例のような場合に見られるのは、言語的創造のきわめて重要な現象──**イントネーション的隠喩**──である。イントネーションは、言葉が季節外れの雪の生きた責任者である冬を非難しているかのようにひびいている。この例に見られるのは、イント

ネーションの枠外には絶対にでない**純粋な**イントネーション的隠喩であるが、そのなかにあって、まるで揺りかごのなかにいるかのように、通常の**意味論的隠喩**の可能性がまどろんでいる。この可能性がもし実現されたならば、「tak」という言葉は、「この**頑固な**冬ときたら、いっこうに**降参したがらない**。とっくに時期は来てるはずなのに」という、ほぼこのような隠喩的な表現に言い換えられるであろう。だが、イントネーションのなかに宿されているこの可能性は、実現されないままである。発話は意味論的にはほとんど中身のない副詞「tak」のままである。　　（バフチン pp.27-28）

この引用のカギ括弧内の「この頑固な冬ときたら…」が意味論的隠喩となっているわけで、イントネーションはそうした言語的に分節して表現される隠喩の拠り所を提供しているということである。そして、バフチンは一般論として次のように主張する。

　　生活のなかのことばにおけるイントネーションは、一般に、語よりもはるかに隠喩的であり、そこにはいわばまだ古代の神話創造的な魂が生きている。イントネーションは、話し手の周囲の世界が生命をもった諸力でまだ満たされているかのようにひびいている。…イントネーションは、生命をもたぬ対象や現象を脅し、怒らせたり、あるいは愛したり、いつくしむ。
　　　　　　　　　　　　　　　　　　　　　　　　　（バフチン p.28）

このようにバフチンは、イントネーションはあたかも呪術的な力を有しており、その呪術の上に載ってこそ言葉はその意味作用を展開することができると考えていると見られるのである。さらにバフチンは、以下の引用のように、イントネーションと同じく身振りもコロスの支えを背景としてそのような呪術的な働きをするものだと見ている。

　　緊密な親縁関係が、イントネーション的隠喩を**身振り的隠喩**と結びつけている（言葉そのものも、当初は言語的身振りであり、身体全体の複雑な身振りの構成要素であったのである）。ここでいう身振りとは、顔の表情をも含

む広義のものである。身振りは、イントネーションと同様、周囲の者たちのコロスの支えを必要としている。社会的共感の雰囲気のなかでのみ、自由で確信に満ちた身振りが可能である。他方、身振りは、イントネーションと同様、状況を外に開き、第三者——主人公——を導入する。身振りにおいては、攻撃あるいは防御、脅迫あるいは愛撫などの萌芽がまどろんでおり、しかも観照者や聞き手に同調者や承認の位置があてがわれる。

（バフチン p.28）

　そして、やはりイントネーションの場合と同様に身振りは「状況を外に開」くと言っている。
　また、こうしたイントネーションや身振りが能動的で客観的であるとも付け加える。

　　イントネーションや身振りの志向は能動的で客観的であることを忘れてはならない…。それらは話し手の受動的な精神状態を表現しているだけではない。そこには、外部世界やまわりの社会——敵、友、同調者——にたいする生き生きとした精力的な態度がつねにこめられている。ひとは、イントネーションや身振りを添えることによって、自分の社会的存在の基礎そのものによって規定されている一定の価値にたいして、能動的な社会的立場をとる。

（バフチン p.29）

　ここに言う「客観的」というのはイントネーションや身振りが現に表出として外部にあるということである。そして、それらにはそれらを取り巻いている外部世界や周りの社会に対する生き生きとした精力的な態度が込められているという意味で能動的だと言うのである。また、人は表出しているイントネーションや身振りによって自身の社会的立場、つまり自身が何者でありその何者かがどうなっているかの基本をも能動的に示すとバフチンは主張しているのである。そして、ここに言う「能動的な社会的立場をとる」というのも第5節での議論の重要点となる。

3-4 発話の社会的交通論

　イントネーションの特性を当面まとめてバフチンは「言葉のなかでもっとも敏感で柔軟かつ自由な契機であるイントネーション上では、この社会的起源〔発話の社会的起源〕がいちばん明らかになりやすい」（バフチン p.30）と指摘し、イントネーション論の結びとして以下の2点を論じる。

　　具体的な発話は、発話の参加者たちの社会的相互作用の過程で生まれ、生き、死んでいく。発話の意味や形式は、基本的にこの相互作用の形式と性質によって規定される。発話を、発話を培っているこの現実の土壌から切りはなしたならば、われわれは形式への鍵も意味への鍵も失ってしまい、手中にのこるのは抽象的な言語学的外皮か、やはり抽象的な意味図式（古めかしい文学理論家や文学史家たちの悪名高き「作品のイデー」）だけである。

　　　　　　　　　　　　　　　　　　　　　　　　　　（バフチン p.31）

　　発話の「理解」や「評価」と呼ばれているもの（同意と不同意）は、つねに言葉といっしょに、言語外の生活状況もとらえている。したがって、生活は外部から発話に影響をあたえるのではない。それは、話し手の周囲の生活環境と、この生活環境から生じてくる本質的な──発話の意味づけに不可欠な──社会的評価の共通性や一致として、内部から発話に浸透している。イントネーションは、生活と、発話の言語的部分との境界上にあって、あたかも生活状況のエネルギーを汲みあげて言葉のなかに移しているかのようであり、言語学的に安定したものすべてに、生きた動的な歴史的運動や一回性を添えている。結局、発話は、話し手、聞き手、主人公の社会的相互作用をみずからのうちに反映しており、それらの生きた動的な交通の所産であり、言語的素材上に生きた動的な交通を固定したものとなっている。

　　　　　　　　　　　　　　　　　　　　　　　（バフチン pp.31-32）

前者はイントネーションを枢要な要因に位置づけた発話の社会的交通論の表明であり、後者は発話の社会的交通論にイントネーションを位置づける議論である。イントネーションは「生活と、発話の言語的部分との境界上にあって、

あたかも生活状況のエネルギーを汲みあげて言葉のなかに移しているかのよう」であるというわけである。

　最後に、生活の中の言葉をめぐるこうした考察を、文学の中の言葉を芸術の社会的交通論的に見るための橋渡しとして以下のように指摘する。

　　　言葉とは、ある出来事の「シナリオ」のようなものである。言葉の総体的意味を生き生きとしたかたちで動的に理解するには、話し手たちの相互作用というこの出来事を復元し、いわば再びそれを「演じ」なければならないのであり、その際、理解者は聞き手の役割を引き受ける。だが、この役割を果たすためには、理解者は他の参加者たちの立場も明確に理解していなければならない。　　　　　　　　　　　　　　　　　（バフチン p.32）

4. 芸術（文学）の社会的交通論

4-1　文学の中の言葉

　本稿の関心の中心は生活の中の言葉のほうにあるので、文学の中の言葉と文学の社会的交通論については概略のみ紹介することとする。

　バフチンは、まず、文学の中の言葉の場合は生活の中の言葉の場合と違って、直接に見えたり知っていたりする言語外のコンテクストの契機に依存しているわけではなく、事物や身近な環境の出来事を対話者の間で自明のものと見なしてそれらに立脚するようなことはできないし、ほのかな暗示すらも言葉に加味することはないと言う（バフチン p.33）。しかるに、「文学においては、話し手（作者、筆者注）、聞き手（読者、筆者注）、主人公（いわゆる主人公と作品で語られる内容）ははじめて集い、たがいにかんしてなにもしらず、共通の視野ももっておらず、またそれゆえにかれらには立脚するもの、言外に示すべきものは一切ないということになるのであろうか」（バフチン p.33）というと、そうではないと言う。

　　　実際には、詩的作品（文学作品、筆者注）も発話されていない生活のコ

ンテクストのなかに緊密に編み込まれている。ほんとうに作者、聞き手（読者、筆者注）、主人公が、どんな共通の視野によってもむすばれていない抽象的な人びととしてはじめて集い、辞典から言葉をもちだすようであれば、散文的作品すらまず得られないであろうし、ましてや詩的作品は得られないであろう。 (バフチン pp.33-34)

そして、生活の中の言葉で重要な位置を占めていた社会的評価が文学の中の言葉でも関与していることを強調して以下のように主張する。

文学においてとくに重要なのは、言外に示されている評価の役割である。**詩的作品**（文学作品、筆者注）**とは、発話されていない社会的評価の強力なコンデンサーなのであり**、あらゆる言葉が社会的評価で充満している、といってもよい。この**社会的評価こそがその直接的表現として芸術的形式を組織しているのである。** (バフチン p.34)

そのような意味でバフチンは「文学における言葉にははるかに大きな要求が課せられている」と言う（バフチン p.33）。

4-2　芸術（文学）の社会的交通論

芸術（文学）の社会的交通論を提唱するにあたり、バフチンは、彫像を例に出してそれが社会的交通にあって、社会的評価が関与していることを指摘する。

形式は素材の助けによって実現されており、素材のなかにとどめられている。しかしみずからの意味の面では形式は素材の枠を越えでていく。形式の意味は、素材ではなく内容に関係している。たとえば、彫像の形式は大理石の形式ではなく人体の形式であり、その際それは表象されている人物を「英雄化したり」、「いつくしんだり」、あるいはことによると「おとしめている」（カリカチュア的なスタイルの造形）、つまり表象されているものにたいする一定の評価を表現している。 (バフチン pp.35-36)

つまり、彫像という芸術作品では、大理石で形作られた像において、芸術家と対象（対象の人物とテーマ）と鑑賞者が創造的に出会うのである。

　以降、バフチンは生活の中の言葉と文学の中の言葉を対比しつつ文学の社会的交通論を展開するのであるが、本稿では先の「シナリオ」と関連づけて文学の社会的交通論の中心点を論じている以下の一節を紹介するにとどめる。

　　　詩（文学、筆者注）においても言葉は出来事の「シナリオ」であって、通の芸術受容者はそれを演じるのであり、言葉やその結合形式のなかに、作者とその作者が表象している世界との生きた独特の相互関係を敏感に見抜いたり、第三の参加者──聞き手──としてこの相互作用のなかにはいったりする。…生きた動的な芸術的受容や具体的な社会学的分析の場合は、（言語的素材のなかに反映され留められているにすぎない）人びと間の関係が明らかにされる。言葉とは、創造的受容の過程においてのみ、またしたがって生きた動的な社会的交通の過程においてのみ、肉づけされる骨格なのである。　　　　　　　　　　　　　　　　　　　（バフチン pp.38-39）

　「人びと」が強調されているが、この場合の「人びと」は作者と読者と主人公（語られている対象や世界）であり、優れた芸術（文学）受容者は自身もその三項関係の社会的交通の中に入り込んで、そこで生まれ生成される出来事としての相互関係に能動的に参加して作品を創造的に鑑賞するということである。そして、芸術（文学）の社会学は、芸術的に仕上げられた作品をそのような視座で分析するのである。

5. 考察

5-1　対話の原型と対話原理の原点

　本項では「生活の中の言語」論から導き出されるバフチンの言う対話の原型と対話原理の原点を提示する。それに関わるのは、言葉を「符牒」として見る見方である。「符牒」については、本稿の2-2で次のように論じた。

生活の中の言葉が「符牒」だというのは、評価的な側面をも含めた可能な共通の社会的視野と発せられた「符牒」の意味の可能性を発話の行為を契機として「合算」しながら、現下の契機に当てはまる社会的視野とそれに整合的に嵌まる「符牒」という総体としての解にヒューリスティックに到達するという形で、われわれは生活の中の言語活動に従事しているということである。

　言葉を産出したり受容したりする言語活動に従事するというのは、概念や思考を言語に変換したり与えられた言語形式を概念や思考に解読したりすることや、あらかじめコンテクストを前提にして言語変換をしたり、言葉を解読した後にコンテクストの要因をかけ合わせてそれを解釈したりすることではなく、発話の契機に総体としての解を得ること、つまりバフチンの言う状況の完結（バフチンp.17）や状況の解決（バフチンp.19）をするということである。つまり、言語活動に従事するというのは、そのようなヒューリスティックな照準作業を、話し手と聞き手の双方で相互参照的にそして相互的に（つまり発話する主体を交替しながら）行うということである。そして、そうした相互参照的で相互的なヒューリスティックスを相互行為の参加者のいずれもが話し手と聞き手と対象という三項関係での評価を基礎とした出来事の交渉（共感したり反発したり同意したり反論したりしながら何かについて話すこと）として、精力的にかつ絶えることなく行うことである。これがバフチンの言う対話の原型である。そして、人と人の間で行われる社会的交通をこのように人と人が生きることを相互的に営み交渉することとして見る視座がバフチンの対話原理の原点なのである。

5-2　人として生きることとイントネーション
　次に、本稿の焦点である言葉（発話）と生活（"жизнь"(zhizn) あるいは"life"）の関係について検討する。バフチンは、この両者に関わってイントネーション論で以下の数節のように論じていた。いずれも本稿第3節での引用の再掲あるいは部分再掲である。そして、特に注目されるのは傍点部である。

イントネーションはつねに、言語的なものと非言語的なもの、言われたことと言われなかったことの境界上にある。イントネーションにおいては、言葉は生活と直接に接している。またなによりもまず、まさにイントネーションにおいて、話し手と聞き手は接している。イントネーションはとりわけ社会的である。　（バフチン pp.24-25、本稿3-1の一つ目の引用から）

　生活のなかのことばにおけるイントネーションは、一般に、語よりもはるかに隠喩的であり、そこにはいわばまだ古代の神話創造的な魂が生きている。イントネーションは、話し手の周囲の世界が生命をもった諸力でまだ満たされているかのようにひびいている。…イントネーションは、生命をもたぬ対象や現象を脅し、怒らせたり、あるいは愛したり、いつくしむ。　　　　　　　　　　（バフチン p.28、本稿3-3の2つ目の引用から）

　そこには、外部世界やまわりの社会——敵、友、同調者——にたいする生き生きとした精力的な態度がつねにこめられている。ひとは、イントネーションや身振りを添えることによって、自分の社会的存在の基礎そのものによって規定されている一定の価値にたいして、能動的な社会的立場をとる。　　　　　　　　　（バフチン p.29、本稿3-3の4つ目の引用から）

　イントネーションは、生活と、発話の言語的部分との境界上にあって、あたかも生活状況のエネルギーを汲みあげて言葉のなかに移しているかのようであり、言語学的に安定したものすべてに、生きた動的な歴史的運動や一回性を添えている。結局、発話は、話し手、聞き手、主人公の社会的相互作用をみずからのうちに反映しており、それらの生きた動的な交通の所産であり、言語的素材上に生きた動的な交通を固定したものとなっている。　　　　　　　　（バフチン pp.31-32、本稿3-4の2つ目の引用から）

　これらは一体どのように解釈すればいいのだろう。そして、より決定的な節は「生きたイントネーションは言葉をいわば枠外に導き出す」（バフチン p.23、本稿2-2の(3)）と「身振りは、イントネーションと同様、状況を外に開き」

（バフチンp.28、本稿3-3の３つ目の引用部）の部分である。ここに言う「枠外」とその「枠」、や「外に開き」と言う場合の「外」やその反対の「内」とは一体何なのだろう。

　人が人として生きることとはどういうことだろう。われわれは、ナマのままの自然の中で与えられた身体のままでそれと切り結んで生きることを営んでいるわけではない。われわれは、人々が制作した多種多様な道具が配置された人々が創り上げた人工的環境を基盤とし、認識と規範の壮大な「殿堂」（バーガー, 1979, pp.30-31）を背景として、具体的な「今-ここ」で、多かれ少なかれ具体的に他者と関わりながら、現下の現実という「楼閣」を築き上げ更新しながら生きることを営んでいる。第3節で論じたイントネーションに関連する共通の社会的視野や社会的評価、そしてコロスの支えなどはいずれも特定の発話の契機における「楼閣」の基層をなすものである。言語外のコンテクストとして説明されることもその一部となる。

　一方でわれわれは、現下の社会文化的な生きる環境で適応的に生きることに従事できるように身体的にも認知的にも訓育されており（Fuhrer, 2004）、そのような訓育され調律された身体でもって、認識と規範の「殿堂」を背景とし、創り上げられた人工的環境を基盤としながら、それらと切り結んで生きることを営んでいる。そして、そのような生き方においてわれわれは、そのように生きることを営んでいる存在として、さまざまな象徴を示し、象徴的に振る舞い、記号を産出し、それらを不断に交換しながら生きている。そうした中で、発話は対面的な社会的交通を運営するための枢要な要因となっている。

　対面的な社会的交通で発せられる発話は、現下の現実という「楼閣」の頂点に示されその一部として包摂される「符牒」である。われわれは、イントネーションに包まれた「符牒」を足がかりとして「あなた」と「わたし」の現実を省略三段論法を伴いながら対話的に交渉しつつ、現下の出来事を相互的に構成し更新しながら、その現実の出来事に当事者として参加している。

　そうした現実構成の営みの中でイントネーションは枢要な役割を果たしている。イントネーションは、生きる環境と切り結びながら人と人の間で人として生きていることを示す息吹を体現している。われわれは他者においてイントネーションを通して生きている息吹を感じ取るからこそ、他者を人として生き

ている存在として受け入れて、イントネーションに体現されている息吹が指し
示す方向で「楼閣」の基底を構築し、言葉を定位する。そうした息吹が、イン
トネーションに載った発話を仲立ちとした相互的な現実構成の必須の要因なの
である。引用の傍点部はそのような事情を表している。

5-3　イントネーションの本性

　最後に、「枠外」とその「枠」、や「外に開く」と言う場合の「外」やその反
対の「内」とはどういうことか、についてである。この場合の「枠」は物質的
な自然を画している枠と考えることができる。ゆえに、「枠内」とは物質的な
領界のこととなる。そうすると、イントネーションが「言葉を枠外に導き出
す」や「状況を外に開く」として主張しているのは、イントネーションによっ
てわれわれは物質的な領界から脱して人として生きる社会文化的領界に誘導さ
れ開かれるということになる。これを人を中心にして言うと、人として生きる
ことの息吹を内包したイントネーションに載せて言葉を発しそれを取り交わす
ことを通して、われわれは物質的な領界から脱して人として生きる領界に相互
に誘導し誘導されて参入して、その世界で一つの人格として生きることを相互
に可能にしているということになる。

　このように、言葉を載せて運ぶ、生きることの息吹を内包するイントネー
ションは、一種の生き物として生きる存在（"жизнь"）であるわれわれを、人
として社会文化的に生きる存在（もう一つの"жизнь"）へと「変態」させる装置
となっている。そのような意味で、イントネーションはある種呪術的であると
言わねばならない。

6.　むすび

　単細胞生物から人間までのさまざまな生物の生き方と生きている世界を包括
的に探究したマトゥラーナとバレーラ（1997）は、人間は社会をつくって存在
する動物の一種だが、人間に特徴的なのは、コミュニケーションを通した行動
の調整において新たな現象領域を生じさせたことだと論じている。それをか

れらは言語域と呼んでいる。しかし、われわれが言語域を生み出し、個別の状況においても言語域を生じさせながら生きることを営んでいるとしても、そうしたわれわれの行動は生命をもつものすべてが従事している環境への適応行動の一形態であることに変わりはないとかれらは一貫して主張する。マトゥラーナとバレーラの見解を上の議論に接続すると、われわれは自然のままの領域から脱して言語域という領域に参入して生きることを営む動物だということになる。われわれは言葉＝発話を交わして対話的に世界を構成しながら各自の独自に生きることをそこに切り拓くわけだが、その際に、人として生きることの息吹を吹き込んだイントネーションが、身振りと相俟って、われわれが言語域に参入するためのシフター（移行装置）となっているのである。そして、そのシフターは、他者への志向を含むとともに対象への志向も含んでおり、さらに当事者の社会文化的世界でのあり方も志向している。さらに、イントネーションと身振りは対話者間で共振しつつ対話者各自としても独自のイントネーションを響かせ独自の身振りを示すのである。イントネーションと身振りがそのように働き、またわれわれがそれらをそのように利用していることが、われわれが言語域で生きることを支える土台となっている。われわれは、コロスを背景としながらイントネーションと身振りによって相互的に築かれるわれわれが存立する領界を他者とともに立ち現せつつ、やはりイントネーションと身振りを基本装置とし言葉を「符牒」として時々刻々と現実を立ち現せつつ、われわれ一人ひとりを相互的に存立させているのである。このように考えると、言語がまだ十分に発達しておらず主にイントネーション（叫び声のトーン）と身振りに依存して相互的に社会的交通を営んでいた原始の時代にまで、バフチンは想いを馳せていたのではないかと想像される。

　バフチンのイントネーション論を、このようにわれわれが社会文化的な動物として人として他者とともに生きることを営むことと絡めて理解してこそ、われわれはバフチンの言う対話の中核に迫ることができる。そして、対話をそのように把握してこそ、対話原理の真髄を知ることができるだろう。

参考文献

□ 和文

・バフチンの文献については、原著出版年あるいは執筆年と邦訳出版年の両者を「/」で区切って示している。

桑野隆（2020）『増補 バフチン──カーニヴァル・対話・笑い』平凡社.

トドロフ, T.（2001）『ミハイル・バフチン 対話の原理』大谷尚文訳、法政大学出版局.

西口光一（2013）『第二言語教育におけるバフチン的視点──第二言語教育学の基盤として』くろしお出版.

西口光一（2018）「人間学とことば学として知識社会学を読み解く──第二言語教育学のためのことば学の基礎として」『多文化社会と留学生交流』第22巻、pp.1-11.

西口光一（2020）『第二言語教育のためのことば学──人文・社会科学から読み解く対話論的な言語観』福村出版.

バーガー, P.（1979）『聖なる天蓋──神聖世界の社会学』薗田稔訳、新曜社.

バフチン, M. M.（1920-24/1999）「行為の哲学によせて」佐々木寛訳、『ミハイル・バフチン全著作』第1巻、伊東一郎・佐々木寛訳、水声社.

バフチン, M. M.（1926/1979）「生活の言葉と詩の言葉」斎藤俊雄訳、『フロイト主義』磯谷孝・斎藤俊雄訳、新時代社.

バフチン, M. M.（1926/2001）「生活における言説と詩における言説──社会学的詩学への寄与」、トドロフ, T.著『ミハイル・バフチン 対話の原理』大谷尚文訳、法政大学出版局.

バフチン, M. M.（1926/2002）「生活のなかの言葉と詩のなかの言葉──社会学的詩学の問題によせて」桑野隆訳、『バフチン言語論入門』桑野隆・小林潔編訳、せりか書房.

バフチン, M. M.（1929/1980）『言語と文化の記号論──マルクス主義と言語の哲学』北岡誠司訳、新時代社.

バフチン, M. M.（1952-53/1988）「ことばのジャンル」佐々木寛訳、『ことば 対話 テキスト』新谷敬三郎・伊東一郎・佐々木寛訳、新時代社.

ホルクウィスト, M.（1994）『ダイアローグの思想──ミハイル・バフチンの可能性』伊藤誓訳、法政大学出版局.

□ 英文

Fuhrer, U. (2004) *Cultivating Minds: Identity as Meaning-Making Practice*. London: Routledge.

Maturana, H. and Varela, F. (1992) *The Tree of Knowledge: The Biological Roots of Human Understanding*. Boston and London: Shambhala.　マトゥラーナ, M.、バレーラ, F.著、管啓次郎訳（1997）『知恵の樹──生きている世界はどのように生まれるのか』筑摩書房.

Vološinov, V. N. (1976) Discourse in life and discourse in art: concerning sociological poetics. In Vološinov, V. N. (1976) *Freudianism: A Critical Sketch*. Titunik, I. R. (trans.). Edited in collaboration with Bruss, N. H. (ed.). Bloomington: Indiana University Press.

索　引

□ **著者紹介**

西口光一（にしぐち こういち）

国際基督教大学大学院教育学研究科博士前期課程修了（教育学修士）。博士（言語文化学、大阪大学）。アメリカ・カナダ大学連合日本研究センター講師、ハーバード大学東アジア言語文化学部上級日本語プログラム主任を経て、大阪大学国際教育交流センター教授、同大学院言語文化研究科教授兼任。大阪大学名誉教授。現在は、広島大学森戸国際高等教育学院特任教授。研究領域は、言語哲学、第二言語教育学、日本語教育学。

主要著書：

『日本語教授法を理解する本 歴史と理論編──解説と演習』（バベルプレス）

『文化と歴史の中の学習と学習者──日本語教育における社会文化的パースペクティブ』（編著、凡人社）

『第二言語教育におけるバフチン的視点──第二言語教育学の基盤として』（くろしお出版）

『対話原理と第二言語の習得と教育──第二言語教育におけるバフチン的アプローチ』（くろしお出版）

『新次元の日本語教育の理論と企画と実践──第二言語教育学と表現活動中心のアプローチ』（くろしお出版）

『第二言語教育のためのことば学──人文・社会科学から読み解く対話論的な言語観』（福村出版）

『思考と言語の実践活動へ──日本語教育における表現活動の意義と可能性』（編著、ココ出版）

主要日本語教科書等：

『NEJ──テーマで学ぶ基礎日本語』（くろしお出版）

『NIJ──テーマで学ぶ中級日本語』（くろしお出版）

『新装版 基礎日本語文法教本』（アルク）

『みんなの日本語初級 漢字』シリーズ（監修、スリーエーネットワーク）

メルロ＝ポンティの言語論のエッセンス
──身体性の哲学、オートポイエーシス、対話原理

2022年4月1日　初版第1刷発行

著　者　　西 口 光 一

発行者　　宮 下 基 幸

発行所　　福村出版株式会社
　　　　　〒113-0034　東京都文京区湯島 2-14-11
　　　　　電話　　03（5812）9702
　　　　　FAX　　03（5812）9705
　　　　　https://www.fukumura.co.jp

印　刷　　株式会社文化カラー印刷

製　本　　協栄製本株式会社

福村出版◆好評図書

西口光一 著
第二言語教育のためのことば学
●人文・社会科学から読み解く対話論的な言語観

◎2,400円　ISBN978-4-571-10191-5　C3037

グローバル化による複言語化が進むなか，言語教育に携わる著者が独自に取り組んできた「ことば学」の集成。

田島充士 編著
ダイアローグのことばと モノローグのことば
●ヤクビンスキー論から読み解くバフチンの対話理論

◎5,000円　ISBN978-4-571-22056-2　C3011

「ダイアローグ（対話）」と「モノローグ（独話）」概念を軸に，バフチンの議論を実践的に読み解く。

E. H. マーギュリス 著／二宮克美 訳
音 楽 心 理 学 こ と は じ め
●音楽とこころの科学

◎2,400円　ISBN978-4-571-21042-6　C3011

専門家から一般の読者まで，皆が抱く音楽に関する疑問を解明する音楽心理学の最新の研究成果と方法を紹介。

國分 充・平田正吾 編著
知的障害・発達障害における 「行為」の心理学
●ソヴィエト心理学の視座と特別支援教育

◎2,300円　ISBN978-4-571-12142-5　C3037

知的障害・発達障害における心理特性と支援について，「行為」という観点からルリヤの思想と共に論じる。

橋本創一 編
知的障害・発達障害児における 実行機能に関する脳科学的研究
●プランニング・注意の抑制機能・シフティング・ワーキングメモリ・展望記憶

◎7,000円　ISBN978-4-571-12141-8　C3037

支援ニーズ把握のためのアセスメントとして実行機能に焦点を当て，様々な実験を通じて多面的な検討を試みる。

今井芳昭 著
影　響　力　の　解　剖
●パワーの心理学

◎2,300円　ISBN978-4-571-25054-5　C3011

依頼や説得など人が他者に影響を与える背景にはどんな要因があるのか。不当な影響を受けないための心理学。

安部博史・野中博意・古川 聡 著
脳から始めるこころの理解
●その時，脳では何が起きているのか

◎2,300円　ISBN978-4-571-21039-6　C3011

こころに問題を抱えている時，脳で何が起こっているのか。日頃の悩みから病まで，こころの謎を解き明かす。

◎価格は本体価格です。